westermann

Andrea Wilmes

Herausgeber: Wassilios E. Fthenakis

Montessori im Kita-Alltag

1. Auflage

Bestellnummer 12762

Die in diesem Produkt gemachten Angaben zu Unternehmen (Namen, Internet- und E-Mail-Adressen, Handelsregistereintragungen, Bankverbindungen, Steuer-, Telefon- und Faxnummern und alle weiteren Angaben) sind i.d.R. fiktiv, d.h., sie stehen in keinem Zusammenhang mit einem real existierenden Unternehmen in der dargestellten oder einer ähnlichen Form. Dies gilt auch für alle Kunden, Lieferanten und sonstigen Geschäftspartner der Unternehmen wie z.B. Kreditinstitute, Versicherungsunternehmen und andere Dienstleistungsunternehmen. Ausschließlich zum Zwecke der Authentizität werden die Namen real existierender Unternehmen und z.B. im Fall von Kreditinstituten auch deren IBANs und BICs verwendet.

Die in diesem Werk aufgeführten Internetadressen sind auf dem Stand zum Zeitpunkt der Drucklegung. Die ständige Aktualität der Adressen kann vonseiten des Verlages nicht gewährleistet werden. Darüber hinaus übernimmt der Verlag keine Verantwortung für die Inhalte dieser Seiten.

service@westermann.de
www.westermann.de

Bildungsverlag EINS GmbH
Ettore-Bugatti-Straße 6-14, 51149 Köln

ISBN 978-3-427-**12762**-8

westermann GRUPPE

INHALT

INHALT

INHALT

Inhalte Webseite
(Zugangscode: BPWC-Z180-EAD4-271D)

VORWORT

Die Pädagogik nach Maria Montessori bietet Kindern in Kinderhaus und Schule vielfache Möglichkeiten, ihrem natürlichen Bedürfnis nach Spiel, Arbeit und Bewegung gleichermaßen gerecht zu werden. Pädagoginnen[1] und Eltern schätzen die Montessori-Pädagogik als Ergänzung oder Alternative zur klassischen Pädagogik in Kindergarten und Schule.

Mit diesem Buch möchte ich Ihnen insbesondere die praktische Montessori-Pädagogik nahebringen. Dies beinhaltet Übungen mit den verschiedenen Sinnesmaterialien und Übungen des täglichen Lebens sowie Ansätze der kosmischen Erziehung und den Umgang mit den ersten Sprach- und Mathematikmaterialien. Zudem ist es mir wichtig, Ihnen Beispiele dafür zu präsentieren, wie Sie mit ganz einfachem Zubehör einige Montessori-Materialien auch selbst gestalten können.

Einige theoretische Grundgedanken dürfen natürlich nicht fehlen. So können Sie sich selbst ein Bild von diesem pädagogischen Konzept machen und vielleicht das ein oder andere für die Arbeit in Ihrer Kita übernehmen.

Ich hoffe, mit diesem Praxisbegleitheft Schülerinnen, Studierenden, und pädagogischen Fachkräften eine anregende Praxishilfe für die eigene Arbeit an die Hand geben zu können und wünsche allen viel Freude und Erfolg beim Ausprobieren der Vorschläge zur Arbeit mit den Montessori-Materialien.

Andrea Wilmes

---

[1] *Aus Gründen der sprachlichen Vereinfachung wird in diesem Buch die weibliche Form verwendet. Selbstverständlich sind jeweils Personen jeglichen Geschlechts gemeint.*

Andrea Wilmes (Jg. 1963) arbeitete sechs Jahre als staatlich anerkannte Erzieherin in einem Kindergarten und schloss nach anschließendem Besuch der KFH Münster hier ihr Studium 1993 als Diplom-Sozialpädagogin ab. Während des Studiums begann sie 1992 einen Lehrgang zur Ausbildung von Montessori-Erzieherinnen und erwarb mit Abschluss dieser Zusatzausbildung 1994 das Montessori-Diplom. Zudem ist sie Trainerin für achtsame Kommunikation und Märchenerzählerin bei der europäischen Märchengesellschaft (EMG).

Seit 1993 unterrichtet sie am St. Franziskus-Berufskolleg in Hamm angehende Erzieherinnen, seit 2002 auch Schülerinnen mit dem Ausbildungsziel „Staatlich anerkannte Sozialassistentin mit Fachoberschulreife".

Im zur Westermann-Verlagsgruppe gehörenden Bildungsverlag EINS hat Andrea Wilmes seit 2003 zahlreiche Lehr- und Arbeitsbücher für sozialpädagogische und sozialpflegerische Berufe veröffentlicht wie beispielsweise:

* Sozialassistenz kompakt
* Betreuen, unterstützen, Situationen mitgestalten
* Spiel- und Beschäftigungsangebote für Kinder und Jugendliche
* Spielen und Gestalten mit älteren Menschen
* Sterben und Tod
* Aktivierung durch Bewegungs- und Beschäftigungsangebote

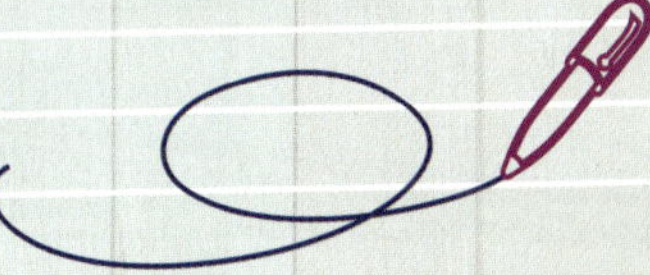

1 Grundlegendes zur Montessori-Pädagogik

In diesem Kapitel werden Schlüsselbegriffe der Montessori-Pädagogik vorgestellt, die als erste Annäherung zum Verstehen der Montessori-Methode von großer Bedeutung sind.

Es wird insbesondere auf die Beobachtungen von Maria Montessori zu auftretenden Empfänglichkeiten von Kindern in den verschiedenen Altersstufen eingegangen (siehe Kapitel 1.2.2 bis 1.2.4). Des Weiteren werden einige allgemeine daraus abzuleitende Voraussetzungen für die Gestaltung des Kita-Alltags nach Montessori erläutert.

1.1 Maria Montessori – Leben und Werk

Maria Montessori wurde am 31.08.1870 im italienischen Ort Chiaravalle/Ancona geboren und starb am 06.05 1952 in Noordwijk an Zee in den Niederlanden.

Maria Montessori

Überragende Schulleistungen zeigten früh eine überdurchschnittliche Begabung. Gegen den Willen ihres konservativen Vaters und unter Protest aller männlichen Studenten Roms begann sie als erste Frau Italiens mit dem Medizinstudium, das sie 1896 mit einem glänzenden Examen abschloss.

Ihre wichtigsten pädagogischen Erfahrungen sammelte sie als junge Assistenzärztin in der psychiatrischen Universitätsklinik in Rom, wo sie geistig zurückgebliebene bzw. vernachlässigte Kinder von Patientinnen, die dort nur aufbewahrt wurden, systematisch pädagogisch so intensiv förderte, dass sie in ihren Leistungen Anschluss an die normal entwickelten Kinder fanden.

Maria Montessori fand in den Schriften der französischen Ärzte und Pädagogen Jean Itard (1774–1838) und Édouard Séguin (1812–1880) wichtige Anregungen für die Behandlung der ihr anvertrauten Kinder. Itard entwickelte eine Erziehungsmethode, die vor allem bei der Bildung der Sinne, der Bewegung und Sprache ansetzte und die dann von seinem Schüler Séguin weiterentwickelt wurde. Maria Montessori hat diese Ansätze in umfassender Weise weiterentwickelt und bei stark entwicklungsverzögerten Kindern angewandt. Sie erzielte sensationelle Erfolge.

Nachdem sie als Pädagogin bekannt geworden war und ihre Kenntnisse durch weitere pädagogische und psychologische Studien vertieft hatte, wurde Maria Montessori neben ihrem Arztberuf Leiterin einer Schule zur Ausbildung von Heilpädagogen und hielt Vorträge auf vielen Kongressen.
Sie stellte sich die Frage, wie wirksam ihre bei geistig zurückgebliebenen Kindern angewandte neue Erziehungsmethode erst bei gesunden und normalen Kindern sein würde. Dazu sollte Maria Montessori bald Gelegenheit finden.

1907 beteiligte sie sich an der Gründung einer Einrichtung zur Betreuung von vernachlässigten Kindern im römischen Elendsviertel San Lorenzo.
Am 6. Januar 1907 wurde dann das erste Kinderhaus (casa dei bambini) eröffnet. Hier machte Maria Montessori wichtige Beobachtungen und Studien über die frühe Entwicklung, Erziehung und Bildung der Kinder.
Sie erkannte durch ihre Studien, Forschungen und in der Praxis mit Kindern, dass im frühen Kindesalter eine spezifische Konzentrations- und Lernfähigkeit vorhanden ist. Maria Montessori spricht hier von der **Polarisation der Aufmerksamkeit** (= die Anheftung, die Sammlung der gesamten Aufmerksamkeit auf einen Gegenstand hin).

Ebenso erkannte sie, dass jedes Kind sein Lerntempo, seinen individuellen Lernrhythmus und seine individuellen Begabungen hat, auf die eine kind- und entwicklungsgemäße Erziehung spezifisch zu antworten hat.

Ihr ganzes Streben war nun, diese Eigentümlichkeiten bei jedem einzelnen Kind methodisch zu entdecken und mithilfe geeigneter Entwicklungs- und Lernmaterialien in einer kindgemäß eingerichteten **vorbereiteten Umgebung** systematisch zu fördern. Auf diese Weise sollte jedes Kind zur optimalen Entfaltung bzw. Unabhängigkeit seiner Persönlichkeit gelangen.

Besucher aus aller Welt kamen in ihr Kinderhaus. Durch diese angeregt, hielt Maria Montessori Lehrgänge zur Ausbildung von Lehrern und Lehrerinnen. Ihre Pädagogik erlangte internationalen Ruhm. Sie reiste durch viele Länder Europas, Nordamerikas, Südamerikas, durch Indien, Pakistan und Ceylon und hielt vielerorts Ausbildungskurse ab, richtete Kinderhäuser sowie Schulen und Lehrerbildungsanstalten ein.

(vgl. Holtstiege, 6. Aufl., 1991, S. 197 f.)

1.2 Schlüsselbegriffe der Montessori-Pädagogik

1.2.1 Hilf mir, es selbst zu tun

„Hilf mir, es selbst zu tun. Zeige mir, wie es geht. Tu es nicht für mich. Ich kann und will es allein tun. Hab Geduld, meine Wege zu begreifen. Sie sind vielleicht länger, vielleicht brauche ich mehr Zeit, weil ich mehrere Versuche machen will. Mute mir Fehler und Anstrengung zu, denn daraus kann ich lernen."

(Maria Montessori, in: Becker-Textor, 1994, S. 26)

Der hier zitierte Grundgedanke besagt, dass das Kind durch Selbsttätigkeit, Mühe und Erfahrung seine Personalität aufbauen kann. Es soll mithilfe des Einsatzes spezifischer Materialien zur Unabhängigkeit vom Erwachsenen geführt werden.

Alle Montessori-Materialien sind so aufgebaut, dass sie den kindlichen Wunsch nach Selbsttätigkeit permanent provozieren.

Maria Montessori erfand Übungen des täglichen Lebens, die aus der häuslichen Umwelt des Kindes stammen wie z. B. Wassergießen, Übungen mit verschiedenen Verschlüssen (Verschlussrahmen), Metallputzen, Schnittblumenpflege usw.

(vgl. Montessori Vereinigung e. V., Teil 1, 1986, S. 9)

Sie unterteilte diese Übungen in verschiedene Bereiche:
* Pflege der eigenen Person,
* Pflege der Umgebung,
* Pflege sozialer Kontakte.

Das Kind sieht lebenspraktische Tätigkeiten beim Erwachsenen und ahmt sie nach. Auf die Dauer entwickelt es hierdurch ein Gefühl der Sicherheit und Unabhängigkeit. Die für diese Übungen benötigten Materialien entsprechen bezüglich ihrer Farbe, Form, Größe und Handlichkeit den Bedürfnissen des Kindes. Durch die lebenspraktischen Übungen lernt das Kind, mit den Dingen, die ihm täglich begegnen, leichter umzugehen und sie zunehmend richtig zu benutzen. Sie helfen ihm, selbstständiger kleine Alltagshandlungen ohne fremde Hilfe zu bewältigen.

1.2.2 Der absorbierende Geist

Mit diesem Begriff beschreibt Maria Montessori die besondere Geistesform des Kindes in seinen ersten Lebensjahren. Das Kind im Alter von 0 bis 3 Jahren saugt Umwelteindrücke auf wie ein trockener Schwamm das Wasser, und zwar ohne das Absorbierte jemals wieder abzugeben. Das Kind erlernt auf diese Weise die Sprache, es lernt Sitte, Brauchtum, Religion, Weltanschaulichkeit und andere Kulturerscheinungen kennen.

Der absorbierende Geist ist auch ein unkritischer Geist. Am Beispiel der Sprache wird dieses besonders deutlich. Egal, ob das Kind eine eher einfache oder komplizierte Sprache erlernen muss, die Sprache wird nach einer bestimmten Zeit sicher beherrscht. Der absorbierende Geist bleibt uns in Form des unbewussten Lernens erhalten, z. B. bei der Aneignung eines Dialektes oder beim Aufnehmen von Werbebotschaften.

1.2.3 Sensible Perioden

> „Die innere Empfänglichkeit bestimmt, was aus der Vielfalt der Umwelt jeweils aufgenommen werden soll und welche Situationen die für das augenblickliche Stadium am vorteilhaftesten sind."
>
> (Maria Montessori, in: Osterrieder, 2004, S. 33)

Es handelt sich um Entwicklungsperioden mit besonderen inneren Empfänglichkeiten für spezifische Umweltreize. In der jeweiligen

Zeitspanne ist das Kind aufnahmebereit für ganz bestimmte Dinge, die es mit Leichtigkeit erlernt, ohne dabei zu ermüden.

Über diese Empfänglichkeiten sollte jede pädagogische Fachkraft Fachkenntnisse besitzen, damit sie dem Kind Dinge und Eindrücke bieten kann, die es in der jeweiligen Phase braucht. Bleibt diese Phase ungenutzt, verpasst das Kind etwas, was es sich später mit großer Mühe aneignen muss.

(vgl. Pichler, H. und M., 2010, S. 639 f.)

UNTERTEILUNG DER SENSIBLEN PERIODEN DES KINDES UND JUGENDLICHEN

0 bis 6 Jahre:	
Unterphase: 0 bis 3 Jahre:	Tätigkeit des absorbierenden Geistes
Unterphase: 3 bis 6 Jahre:	Sensibilität für Sprache, Ordnung
7 bis 12 Jahre:	Sensibilität für das Gewissen, Unterscheidung von Gut und Böse, Gerechtigkeit
12 bis 18 Jahre:	Rolle in der Gesellschaft be- und ergreifen

1.2.4 Die Polarisation der Aufmerksamkeit

„Je mehr sich die Konzentrationsfähigkeit entwickelt, desto öfter erfolgt diese ruhige Versenkung, umso klarer zeigt sich ein neues Phänomen, die Disziplin des Kindes."

(Maria Montessori, in: Hammerer/Ludwig, 2011, S. 61)

Die Entdeckung des Phänomens der Polarisation der Aufmerksamkeit ist die grundlegende Tatsache, die zur Entwicklung der „Methode" Montessoris führte. Dieses Phänomen beobachtete Maria Montessori erstmalig im Kinderhaus in Rom 1907 bei einem kleinen Mädchen von drei

Holzzylinder-Serie

Jahren. Dieses wiederholte die Übung mit den bekannten Holzzylindern ca. vierzigmal, obwohl man es zu stören versuchte.
Dann beendete es selbstständig diese Übung, ohne dass von außen dazu Veranlassung bestand.
Maria Montessori stellte fest, dass das Kind, nachdem es mit der Übung aufgehört hatte, sich freundlich den anderen zuwandte – in einem Zustand innerer Befriedigung, Offenheit und Heiterkeit.

So sind nach Montessori schon kleine Kinder, von denen man dieses nie erwartet hätte, zu einer großen Konzentration der Aufmerksamkeit fähig, wenn sie für diese den rechten Gegenstand finden, dem sie sich spontan hingeben und der sie zur Wiederholung einer Übung veranlasst.

„Die erste Erscheinung, die meine Aufmerksamkeit auf sich zog, zeigte sich bei einem etwa dreijährigen Mädchen, das damit beschäftigt war, die Serie unserer Holzzylinder in die entsprechenden Öffnungen zu stecken und wieder herauszunehmen. Diese Zylinder ähneln Flaschenkorken, nur haben sie genau abgestufte Größen, und jedem von ihnen entspricht eine passende Öffnung in einem Block. Ich erstaunte, als ich ein so kleines Kind eine Übung wieder und wieder mit tiefem Interesse wiederholen sah. Dabei war keinerlei Fortschritt in der Schnelligkeit und Genauigkeit der Ausführung feststellbar. Alles ging in einer Art unablässiger, gleichmäßiger Bewegung vor sich. Gewohnt, derlei Dinge zu beobachten, begann ich die Übungen des kleinen Mädchens zu zählen. Auch wollte ich feststellen, bis zu welchem Punkt die eigentümliche Konzentration der Kleinen gehe, und ich ersuchte daher die Lehrerin, alle übrigen Kinder singen und herumlaufen zu lassen. Das geschah auch, ohne dass das kleine Mädchen sich in seiner

Tätigkeit hätte stören lassen. Darauf ergriff ich vorsichtig das Sesselchen, auf dem die Kleine saß, und stellte es mitsamt dem Kinde auf einen Tisch. Die Kleine hatte mit rascher Bewegung ihre Zylinder an sich genommen und machte nun, das Material auf den Knien, ihre Übung unbeirrt weiter. Seit ich zu zählen begonnen hatte, hatte die Kleine ihre Übung zweiundvierzigmal wiederholt.

Jetzt hielt sie inne, so, als erwachte sie aus einem Traum, und lächelte mit dem Ausdruck eines glücklichen Menschen. Ihre leuchtenden Augen sahen vergnügt in die Runde. Offenbar hatte sie alle jene Manöver, die sie hätten ablenken sollen, überhaupt nicht bemerkt. Jetzt aber, ohne jeden äußeren Grund, war ihre Arbeit beendet. Was war beendet und warum?

Es war dies der erste Spalt, der sich aus den unerforschten Tiefen der Kinderseele auftat. Da saß ein kleines Mädchen in dem Alter, in dem die Aufmerksamkeit für gewöhnlich ruhelos von einem Gegenstand zum anderen abirrt, ohne sich auf etwas Bestimmtes konzentrieren zu können; und doch hatte sich bei ihm eine solche Konzentration ereignet, war sein Ich für jeden äußeren Reiz unzugänglich geworden. Diese Konzentration war begleitet von einer rhythmischen Bewegung der Hand im Spiel mit genau und wissenschaftlich abgestuften Gegenständen.

Ähnliche Vorfälle wiederholten sich, und jedes Mal gingen die Kinder daraus wie erfrischt und ausgeruht, voll Lebenskraft und mit dem Gesichtsausdruck von Menschen hervor, die eine große Freude erlebt haben."

(Montessori, 7. Aufl., 1992, S. 124 f.)

Die gesamte Aufmerksamkeit des Kindes ist also auf eine Tätigkeit ausgerichtet, und es versinkt selbstvergessen in seiner Arbeit.

Diese Konzentration umfasst drei Stufen:

1. **Die vorbereitende Stufe**
   Diese Phase wird eingeleitet durch eine Erwartungshaltung, die phasenspezifischen kindlichen Bedürfnissen entspricht. Der Impuls lenkt die Aufmerksamkeit auf äußere Dinge. Die Erzieherin muss bei gleichzeitigem Respektieren der freien Initiative, Bewegung und Wahl dem Kind indirekt Hilfe anbieten, indem sie beispielsweise bei der Auswahl der Tätigkeiten Rat gebend zur Seite steht.

2. **Die Stufe der großen Arbeit**
   Das Kind richtet nun seine volle Aufmerksamkeit auf den Gegenstand und lässt sich von seinem Tun nicht ablenken.
   In dieser Phase, die bis zu 90 Minuten andauern kann, sollte die Erzieherin nicht mehr eingreifen.

3. **Die Abschlussphase**
   Das Kind löst sich wieder von seiner Tätigkeit und seine Konzentration lässt nach. Es zeigt ein erhöhtes Interesse an der Außenwelt. Es ist mit seinem eigenen Werk zufrieden, betrachtet es stolz und hat häufig das Bedürfnis, seine Erfahrungen mitzuteilen.

(vgl. Holtstiege, 6. Aufl., 1991, S. 176 ff.)

1.2.5 Die Ordnung

Für die Montessori-Pädagogin umfasst die Ordnung drei wichtige Bereiche:

1. **Die äußere Ordnung im Gruppenraum**: Alle Materialien haben ihren Platz, an dem jedes Kind sie finden kann. Es trägt dafür Sorge, dass sie nach Gebrauch auch wieder an diesen Platz zurückgeräumt werden. Dieses rasche Auffinden hat auch sozialerzieherische Wirkungen.

2. **Die Ordnung im Material**: Jedes Sinnesmaterial isoliert eine Eigenschaft. Der Schwierigkeitsgrad im Umgang mit dem Material steigert sich stufenweise.

3. **Die innere Ordnung**: Sie ergibt sich aus der äußeren Ordnung, d.h., die äußere Ordnung kann letztendlich zur inneren Ordnung führen.

Im Alter von drei bis sechs Jahren ist die Sensibilität für Ordnung besonders stark ausgeprägt. Alles an seinem gewohnten Platz vorzufinden, gibt dem Kind Orientierung. Dieses gibt ihm Sicherheit, zunehmende Unabhängigkeit vom Erwachsenen und Struktur. Das Montessori-Material ist deshalb in einer festen Ordnung in offenen Regalen angeordnet, immer von links nach rechts, von leicht nach schwierig.

Auch die Ordnung in den Bewegungsabläufen ist wichtig. Das Kind erhält deshalb zunächst durch den Erwachsenen Unterstützung durch eine Darbietung im Umgang mit dem Material, bevor es ordnungsgemäß selbstständig damit arbeiten kann.

(vgl. Pichler, H. und M., 2010, S. 640 f.)

1.2.6 Die vorbereitete Umgebung

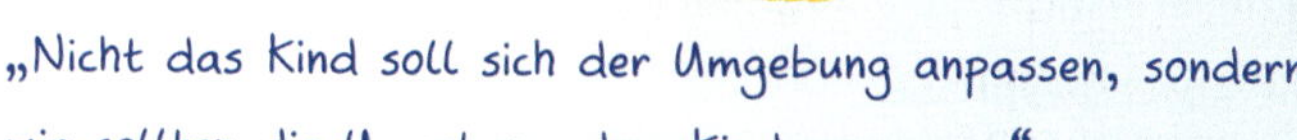

„Nicht das Kind soll sich der Umgebung anpassen, sondern wir sollten die Umgebung dem Kind anpassen."

(Maria Montessori, in: Plank, 2013, S. 2)

Maria Montessori sprach in ihrem Konzept von der „vorbereiteten Umgebung", in der das Kind frei wählen kann, womit es sich beschäftigen möchte.

Pädagogische Fachkräfte stellen daher entwicklungsgemäße Gegenstände bereit, die durch ansprechende Materialien und Farben einen hohen Aufforderungscharakter besitzen und die Aufmerksamkeit des Kindes auf sich ziehen. Ein Beispiel dafür sind die Farbtäfelchen in drei Kästen mit unterschiedlichem Schwierigkeitsgrad:

* **Kasten 1** enthält Farbenpaare zu den Farben Rot, Gelb und Blau und ist das Sinnesmaterial zum Entdecken der Grundfarben.
* **Kasten 2** enthält 11 Farbenpaare mit Mischfarben sowie Weiß und Schwarz und ist das Sinnesmaterial zum Entdecken der Mischfarben.

Farbkasten 3

* **Kasten 3** enthält 63 Täfelchen mit Farbabstufungen zu neun Farben und ist das Sinnesmaterial zum Entdecken von Farbnuancen.

Maria Montessori hat beobachtet, dass die äußere Ordnung den Kindern dabei hilft, eine innere Ordnung herzustellen. Für das frühe Kindesalter ist es beispielsweise wichtig, eine Umgebung von einfacher Struktur zu schaffen, die Orientierung ermöglicht und überschaubar ist.

Die Materialien haben deshalb in allen Montessori-Kinderhäusern einen festen Platz in offenen Regalen und sind entsprechend der verschiedenen Unterscheidungsmerkmale (Materialien zur Unterscheidung von Dimensionen, Materialien zur Unterscheidung von Farben oder Formen, Materialien für die Übungen des täglichen Lebens usw.) geordnet.

In Montessori-Kinderhäusern werden **Arbeitsteppiche** eingesetzt, auf denen die Kinder ein Material ausbreiten und damit arbeiten können, solange sie es möchten. Dieser abgegrenzte Bereich zeigt den anderen Kindern an, dass sie in diesem Bereich nicht gestört werden möchten.

Maria Montessori hat als eine der ersten Pädagogen die sanitären Anlagen und alle Dinge dem Kinde angepasst. Die Gegenstände der Umgebung müssen nicht nur von kleinen Ausmaßen sein, auch ihr Gewicht ist von Bedeutung, damit es z. B. dem drei- oder vierjährigen Kind möglich ist, die bereitgestellten Dinge auch bewegen und transportieren zu können.

Der pädagogischen Fachkraft kommt in der vorbereiteten Umgebung eine wichtige Aufgabe zu, denn aus der Beobachtung weiß sie, was sie dem einzelnen Kind zu einem bestimmten Zeitpunkt anbieten kann.

Die Vorbereitung der Umgebung ist nach Maria Montessori die Hauptaufgabe der Erzieherin. Diese stellt entwicklungsgemäße Gegenstände bereit, die das Kind frei wählen kann. So kann sie z. B. auch manche Materialien für einen gewissen Zeitraum aus der Gruppe nehmen, wenn sie beobachtet, dass die Kinder hierfür kein Interesse zeigen.

ACHTSAMKEIT

Die vorbereitete Umgebung stellt immer eine pädagogische Verantwortung dar, denn die Erzieherin muss entscheiden, was das Kind wann braucht.

1.2.7 Freie Wahl

Kinder wählen innerhalb der vorbereiteten Umgebung ihren Lerngegenstand, ihr Lerntempo- und ihre Lerndauer, den Schwierigkeitsgrad ihrer Tätigkeit. Aber auch die Wahl ihres eventuellen Lernpartners liegt bei ihnen. Das Prinzip der freien Wahl fördert die geistige Tätigkeit der Kinder. Sie lernen zu planen, vorzubereiten, einzuteilen, zu überschauen, sich aufeinander abzustimmen, Absprachen zu treffen und mit anderen gemeinsam zu arbeiten.

(vgl. Schmutzler, 2. Aufl., 1991, S. 117)

1.2.8 Wechselwirkung von Freiheit und Bindung

Der Mensch ist ein nicht festgelegtes Wesen. Er braucht eine Lebensorientierung – eine Orientierung an sittlichen Werten und Normen und eine Orientierung an naturwissenschaftlichen Gesetzen.

Wir geben dem Kind also zunächst gewisse Regeln des Umgangs mit und schränken in gewisser Weise die Freiheit ein. Wir binden das Kind, indem wir es an bestimmte Regeln und Normen heranführen. Somit reden wir von der **Freiheit des Menschen, die an Normen gebunden ist**. Darin besteht die Freiheit des Menschen.

BEISPIEL

Erst wenn ich zählen oder lesen kann, d. h., eine bestimmte Sachkompetenz erlangt habe, bin ich frei und unabhängig von anderen, die das sonst für mich tun müssten.

Erst wenn ich Unabhängigkeit erlangt habe, bin ich wirklich frei. Zum rechten Gebrauch der Freiheit, die an Regeln, Normen und Werte gebunden ist, zu erziehen, ist eine der wichtigsten Aufgaben der pädagogischen Fachkraft.

„Freiheit und Disziplin sind untrennbar wie die beiden Seiten einer Münze!"

(Maria Montessori, in: Standing, 2009, S. 174)

1.2.9 Der menschliche Geist – ein mathematischer Geist

Viele Kinderhausmaterialien bereiten indirekt mathematische Erkenntnisse vor, denn immer wenn das Kind **vergleicht**, **ordnet**, **zählt**, **misst** usw. handelt es sich schon um Äußerungen des sogenannten „mathematischen Geistes".

Damit will Maria Montessori ausdrücken, dass Mathematik nicht ein schwieriges Sonderphänomen ist, zu dem nur wenige Begabte einen Zugang haben, sondern dass die Beschäftigung mit Mathematik vielmehr zum Menschen schlechthin gehört.

Durch das Mathematikmaterial macht das Kind zunächst vielfältige Erfahrungen im Umgang mit den Dingen und gelangt dann auf einer späteren Stufe zur Abstraktion der gewonnenen Erkenntnisse.

BEISPIEL

Ein siebenjähriges Mädchen, das eine lange Multiplikationsaufgabe löste, für die gewöhnlich ein Rechenrahmen benutzt wird, antwortete auf die Frage: „Warum nimmst du nicht den Rahmen?" „Weil es ohne Rahmen schneller geht!"

An diesem Beispiel wird deutlich, dass das Mädchen nach vielen mit dem Rahmen gelösten Aufgaben den Sinn des Verfahrens verstanden hat und nun den Rahmen nicht mehr braucht.

Was im ersten Stadium also eine Hilfe bedeutete, kann sehr wohl später zum Hindernis werden.

ACHTSAMKEIT

Die größte Gefahr besteht darin, dass der kindliche Geist überanstrengt wird, indem das Kind vorzeitig zur Abstraktion gezwungen wird, ehe es durch konkrete Erfahrungen klare Vorstellungen gewonnen hat.

Der mathematische Geist hilft also bei der Entwicklung von Grundfunktionen wie Vergleichen und Zuordnen. So ist er nicht nur von Bedeutung für die Entwicklung mathematischer Fertigkeiten und Fähigkeiten, sondern auch im Hinblick auf das alltägliche Leben. Fähigkeiten wie Vergleichen, Kombinieren usw. brauchen wir tagtäglich (z. B., wenn ich eine graue Hose habe, zu der ich einen passenden Pullover kaufen möchte, bedeutet dieses, dass ich in der Lage sein muss, Farben und Stoffe (Substanzen) zu kombinieren). Auch im Sozialen kommt dem mathematischen Geist eine Bedeutung zu: Wer beispielsweise in eine Gruppe kommt, deren Mitglieder sich schon kennen, stellt Beziehungen her, er vergleicht, ordnet zu usw.

ACHTSAMKEIT

Der mathematische Geist bringt das Kind nicht nur zur Mathematik, sondern bildet die Grundlage für seine Persönlichkeit, indem es
- **seine Entscheidungsfähigkeit entwickelt,**
- **Vorrangigkeit und Nachrangigkeit von Handlungen erkennt.**

(vgl. Montessori Vereinigung e. V., Teil 3, 1986, S. 87)

2 Praxisteil

Dieses Kapitel behandelt die praktische Umsetzung der Montessori-Methode.

Nach der Vorstellung von grundlegenden Hinweisen, die es bei allen Übungen zu beachten gilt, finden Sie hier vielfältige Angebote an Übungen zu folgenden Bereichen:

* Übungen des täglichen Lebens
* Arbeit mit dem Sinnesmaterial
* Übungen der Stille
* Kosmische Erziehung im Kinderhaus
* Materialien zum ersten Lesen und Schreiben
* Materialien zum Erlernen des Zahlenbegriffs von 1 bis 10

Mithilfe dieser Übungen – so werden Sie es in der praktischen Umsetzung erleben – können Kinder Schritt für Schritt zu einer möglichst großen Selbstständigkeit geführt werden.

2.1 Grundlegende Hinweise für alle Übungen mit dem Montessori-Material

Die Einführung in den Umgang mit dem Material bezeichnet man in der Montessori-Pädagogik als „Lektion". Lektionen erfolgen in der Regel dann, wenn das Kind schon Erfahrungen mit dem Material gemacht hat und sich längere Zeit ausprobierend/experimentierend hiermit beschäftigt hat.

ACHTSAMKEIT

Die wichtigste Voraussetzung für die Durchführung von Übungen mit dem Montessori-Material ist die eigene Auseinandersetzung der pädagogischen Fachkraft mit dem Material:
- Welches sind die direkten und indirekten Ziele, die durch die Arbeit mit diesem Material erreicht werden sollen?
- Wie führe ich das Material ein (Grundlektion)?
- Welche weiteren Übungen lassen sich mit dem Material durchführen?
- Welches sind die neuen Begriffe, die das Kind im Umgang mit dem Material erlernen kann (Wortlektion)?
- Wie kann ich die gewonnenen Erkenntnisse im Alltag anwenden?

Durch Beobachtung weiß die Erzieherin, wann das Kind „reif" für eine Sache ist, und erst dann ist der richtige Augenblick für eine Lektion gegeben. Wichtig ist, dass die pädagogische Fachkraft und Kind das Material gemeinsam holen, damit das Kind weiß, wo es seinen Platz hat, sodass es das Material nach Gebrauch wieder dorthin zurückräumen kann.

Folgende Punkte sollten bei der jeweiligen Lektion berücksichtigt werden:

* Entscheidend sind der persönliche Kontakt, eine entspannte Atmosphäre und die Bereitschaft des Kindes, etwas Neues zu lernen.
* Auf dem Tisch oder Teppich liegt nur das Material für die Lektion.
* Bei der Einführung sitzt die Erzieherin rechts neben dem Kind, bei Linkshändern links.
* Eine Einführung für den Gebrauch eines Materials wird klar und mit bewusst langsamen und deutlichen Bewegungen dargeboten.

Dabei gilt es, so wenig wie möglich zu sprechen und auf einen ungehinderten Kontakt zwischen Kind und Material zu achten.

* Die Erzieherin zeigt den vollständigen Ablauf der Übung, sodass das Kind den geschlossenen Ablauf der Handlung erfährt. Sobald das Kind die Lektion verstanden hat, übernimmt es die Tätigkeit und die Erzieherin schaut zu.
* Daraufhin lässt die Erzieherin das Kind allein arbeiten und beobachtet es aus einer gewissen Entfernung.

ACHTSAMKEIT

Das Kind, das nicht entsprechend der erhaltenen Darbietung arbeitet, darf unter keinen Umständen entmutigt oder getadelt werden. Die Lektion wird dann zu einem späteren günstigeren Zeitpunkt wiederholt.

* Nach der einführenden Lektion arbeitet das Kind selbstständig mit dem Material weiter. Schüchterne Kinder können von der Erzieherin zur Wiederholung der Übung angeregt werden, aber niemals gezwungen, die demonstrierte Materialübung zu wiederholen.
* Sobald das Kind sicher im Umgang mit dem Material ist, folgen weitere sinnvolle und dem Zweck des Materials entsprechende Variationen, Erweiterungen und Kombinationen, die sich mit dem Material anbieten.
* Einführende Lektionen werden in der Regel mit einem Kind durchgeführt, weiterführende Übungen können entweder mit einem einzelnen Kind oder auch mehreren Kindern gleichzeitig durchgeführt werden.

ACHTSAMKEIT

Die Einzellektionen haben grundsätzlich ein größeres Gewicht, denn hier kann entsprechend des individuellen Entwicklungsstandes im persönlichen Kontakt sehr intensiv und aufmerksam gearbeitet werden.

Nach langem intensiven Umgang mit dem neu eingeführten Material erfolgt dann die Wortlektion.

2.2 Wortlektion

Die gewonnenen Erfahrungen und Begriffe werden nun mit Namen belegt.
Das Kind, das im handelnden Umgang mit dem Material Erfahrungen gesammelt hat, kann diese in der daran anschließenden weiterführenden Sprachlektion verbal erschließen. Dies führt zu Maria Montessoris „Drei-Stufen-Wortlektion", mit dem Ziel, dem Kind die genau passenden Wörter unserer Sprache zu vermitteln.

1. Stufe (Definition)

Die pädagogische Fachkraft zeigt auf den Gegenstand und nennt langsam und deutlich dessen Namen oder die zu erlernende Bezeichnung. So wird zwischen Wahrnehmung des Gegenstandes und Namen eine Verbindung hergestellt:

„Das ist …!"

2. Stufe (Reproduktion)

Das Kind soll beim Nennen des Namens den entsprechenden Gegenstand wiedererkennen. Im passiven Sprachgebrauch lernt das Kind die Namen, indem die Erzieherin den Gegenstand benennt und das Kind bittet:

„Zeig mir …; gib mir …, bring mir …!"

Diese Stufe dient der Festigung des Begriffes und muss intensiv geübt und durch abwechslungsreiche Spiele für das Kind interessant gestaltet werden. Nach der Übung können dazu kleine Aufträge oder Versteckspiele mit dem Material folgen, bei denen das Kind in Bewegung ist. So wird auch der Bewegungsdrang des Kindes berücksichtigt.

3. Stufe (Abstraktion)

Die Erzieherin zeigt auf den Gegenstand und fragt nach dem Namen oder Begriff:

„Was ist das?" oder „Wie ist das?"

Das Kind antwortet mit dem richtigen Begriff. An dieser Stelle wird der passive Wortschatz zum aktiven. Diese Stufe zeigt, ob das Kind den neu gelernten Begriff anwenden kann und in seinen aktiven Wortschatz aufgenommen hat.

(vgl. von Oy, 1993, S. 29)

2.3 Übungen des täglichen Lebens

Die Übungen des täglichen Lebens lenken den starken Bewegungs-drang des Kindes und helfen ihm, kleine Alltagshandlungen selbst-ständiger ohne fremde Hilfe zu bewältigen.

Diese Übungen lassen sich nach Maria Montessori in die drei Berei-che „Pflege der Umgebung", „Pflege der eigenen Person" und „Pfle-ge sozialer Beziehungen" einteilen. In den folgenden Tabellen sind einige Übungen aufgeführt, die sich gut in der Kita umsetzen lassen. Die mit einem Sternchen gekennzeichneten Übungen werden auf den folgenden Seiten näher beschrieben.

PFLEGE DER UMGEBUNG	PFLEGE DER EIGENEN PERSON
Pflege und Ordnung in der Kita • Boden fegen • Fenster putzen • Geschirr spülen* • Öffnen und Schließen einer Schublade* • Staub wischen • Tisch abwischen* • Tisch decken* • Tragen eines Stuhls* • Wäsche falten (Handtuch, kleine Tischdecke) **Tier- und Pflanzenpflege in der Kita** • Blumen gießen • Blumen ordnen • Blumen pflanzen • Tiere füttern • Tiere pflegen • Tiere säubern	**Körperpflege** • Gesicht eincremen • Haare kämmen • Hände eincremen • Hände waschen* • Zähne putzen • Zopf flechten* **Pflege der Kleidung** • Auf- und Zuknöpfen großer Knöpfe* • Knopf annähen • Schleife binden* • Schuhe putzen* • Schuhlöffel benutzen • Socken anziehen* • Übungen mit verschiedenen Ver-schlüssen • Wäsche bügeln • Wäsche waschen (Puppenkleidung waschen) **Mahlzeiten zubereiten und einnehmen** • Banane schälen und schneiden • ein Getränk eingießen • Möhre schrappen* • Orange auspressen • Orange schälen

PFLEGE SOZIALER BEZIEHUNGEN	WEITERE ÜBUNGEN DES PRAKTISCHEN LEBENS
Gesellschaftsformen • sich begrüßen und verabschieden	**Sortierübungen** • Sortierübungen mit Samenkörnern
• Höflichkeitsübungen – an die Tür klopfen – Gäste empfangen – Glück wünschen – nacheinander sprechen und einander zuhören usw. – Übungen zum Bitten und Danken – um Entschuldigung bitten	**Schütt- und Gießübungen** • Gießen in Messgläser • Gießen mit dem Trichter • Reis schütten* • Wasser gießen*
Verhaltensregeln – Gähnen – Husten – Niesen – Nase putzen	**Übungen mit Zangen** • Übung mit der Seifenunterlage* **Löffelübungen** • Sand löffeln • Tischtennisbälle löffeln • Wasser schöpfen
gegenseitige Hilfsbereitschaft • Hilfe anbieten • Hilfe annehmen • Mahlzeiten servieren • Tisch dekorieren	• Geschenke verpacken • Kerze anzünden und auslöschen • Teppich weben (mit kleinem Webrahmen) • ein Blatt lochen*

2.3.1 Motivationsstufen der Übungen des täglichen Lebens

Bei kleinen Kindern sind die Tätigkeiten Selbstzweck genug, sie wischen um des Wischens willen, ohne ein Resultat direkt anzuzielen. Erst älteren Kindern wird das Ergebnis ihres Handelns wichtig. Bei den Tätigkeiten der Kinder kann man folgende Stufen des Tuns beobachten:

✳ **Motivationsstufe 1** (1 bis 3 Jahre) *„Tun um des Tuns willen"*: Für jüngere Kinder haben die Tätigkeiten Selbstzweck; sie spülen z. B. einen Teller um des Spülens willen,ohne ein bestimmtes Resultat direkt anzustreben und am Ergebnis interessiert zu sein, sie führen eine Tätigkeit lediglich aus Freude am Tun, an der Bewegung und am Gegenstand aus.

* **Motivationsstufe 2** (4 bis 5 Jahre) *„Tun um der Genauigkeit willen"*: Später legen die Kinder Wert auf Genauigkeit und Vollständigkeit der Handlung (z. B. beim Binden einer Schleife am Schleifenrahmen.

* **Motivationsstufen 3 und 4** (älteres Kindergartenkind):
  – *„Tun um des Ergebnisses willen"* (**Stufe 3**): Erst für die älteren Kinder wird das Ergebnis ihres Tuns wichtig. Sie achten auf die Ordnung in ihrer Umgebung und deren Pflege. Sie wenden die bei den spielhaften Übungen erworbenen Fähigkeiten im praktischen Leben an (z. B.: Schleife am eigenen Schuh binden).
  – *„Tun um der Gemeinschaft willen"* (**Stufe 4**): Die Kinder setzen die Übungen und die von ihnen erworbenen Fähigkeiten für die Gemeinschaft ein (z. B.: kleineren Kindern beim Schleifebinden helfen).

2.3.2 Übungsbeispiele

Bei den folgenden Übungsbeispielen ist vor allem darauf zu achten, dass jede einzelne Bewegung, die zu der Übung gehört, dem Kind ganz langsam und gut durchschaubar gezeigt wird. Dazu muss die pädagogische Begleitperson selbst alle aufeinanderfolgenden Schritte erkennen und diese exakt und getrennt ausführen.
Die bewusste Trennung der aufeinanderfolgenden Bewegungsabläufe wird in der Montessori-Pädagogik **Bewegungsanalyse** genannt.

„Reis schütten"

Material: ein Tablett mit einem leeren Glas und einem Messbecher, der halb mit Reis gefüllt ist

Ziel: Vorbereitung des Ein- und Ausgießens von Flüssigkeiten

Alter: ab 2 Jahren

Darbietung und Übung

• Das Tablett mit dem leeren Glas und dem mit Reis gefüllten Messbecher steht auf dem Tisch.
• Die Erzieherin greift den Messbecher mit einer Hand (bei Rechtshändern mit der rechten, bei Linkshändern mit der linken Hand).
• Das Glas wird mit der anderen Hand umfasst.
• Die Erzieherin hält den Messbecher so, dass sich der Ausgießer direkt über dem Glas befindet.

- Sie schüttet zügig den Reis aus dem Messbecher in das Glas.
- Danach wird der Inhalt des Glases zurück in den Messbecher gegeben.

Die pädagogische Fachkraft fordert das Kind auf, die Übung nachzumachen.

Weitere Übungsvorschläge

- Messbecher und Glas können weiter auseinandergestellt werden. So wird die Übung etwas erschwert.
- Es können Gefäße mit anderen – vor allem kleineren – Öffnungen angeboten werden wie Schraubgläser oder Gefäße aus der Puppenwohnung.

Anwendung der Übung im täglichen Leben

Das Kind füllt in gegebenen Situationen Zucker, Linsen, Reis usw. in die dafür vorgesehenen Behälter und Dosen.

(vgl. von Oy, 1993, S. 45 ff.)

„Wasser gießen"

Material: eine durchsichtige Kanne mit Wasser (eventuell gefärbt mit Lebensmittelfarbe), ein Glas mit großer Öffnung und Markierung für den gewünschten Wasserstand, ein Tuch

Ziel: Entwicklung und Koordination der Bewegung, Wasser eingießen können, ohne etwas zu verschütten

Alter: ab 3 Jahren

Darbietung und Übung

- Die Glaskanne mit Wasser und das Glas stehen nebeneinander.
- Die Kanne wird am Henkel und an der Unterseite angefasst (man kann auf den „Interessenschwerpunkt Ausgießer" aufmerksam machen).
- Die pädagogische Fachkraft schaut bewusst in die Kanne hinein, um das Kind auf den Inhalt aufmerksam zu machen.
- Sie hält den Ausgießer schräg über das Glas, führt ihn mit langsamen, sparsamen Bewegungen zum Glas und lässt das Wasser zügig einfließen, bis das Glas bis zur Markierung gefüllt ist.
- Mit kurzem Innehalten der Bewegung stellt sie die Kanne zurück und wischt mit dem Tuch den hängengebliebenen Tropfen an dem Ausgießer ab.
- Sie hebt das volle Glas hoch und schüttet das Wasser zurück in die Kanne.

- Die Tropfen am Glas werden ebenfalls mit dem Tuch abgewischt und das Glas wird wieder abgestellt.

Nun führt das Kind die Übung in gleicher Weise durch. Nach der Übung trocknen Erzieherin und Kind die Gefäße ab und stellen alle benötigten Materialien zurück auf ihren Platz.

Weitere Übungsvorschläge

- Man führt Gießübungen mit verschiedenen Gläsern durch.
- Man zeigt dem Kind, wie man mit einem Trichter umgeht.

Anwendung der Übung im täglichen Leben

- sich selbst ein Getränk eingießen,
- anderen Kindern ein Getränk eingießen,
- Blumen gießen

(vgl. von Oy, 1993, S. 48 ff.)

Wasser gießen

„Übungen mit der Seifenunterlage"

Material: Seifenunterlage mit Noppen, eine Pinzette, ein Schälchen mit Erbsen oder ähnlichen runden Kügelchen ein Tablett

Ziel: Entwicklung, Koordination und Verfeinerung der Bewegung mithilfe des Pinzettengriffs

Alter: ab 3 ½ Jahren

Darbietung und Übung

- Die pädagogische Fachkraft holt das Tablett und ordnet die Materialien nebeneinander auf dem Tisch an.
- Mit der Pinzette ergreift sie eine Erbse, führt sie vorsichtig auf die Seifenunterlage und legt sie gezielt in eine Noppe.
- Wenn das Kind die Übung verstanden hat, macht es weiter, bis alle Noppen gefüllt sind.

Nach der Übung stellen Erzieherin und Kind alle benötigten Materialien zurück auf das Tablett.

(vgl. Pichler, H. und M., 2010, S. 72)

Übung mit der Seifenunterlage

„Öffnen und Schließen einer Schublade"

Material: eine Kommode oder ein kleiner Schrank mit möglichst leeren Schubladen

Ziele:
- Entwicklung und Koordination der Bewegung durch leises Öffnen und Schließen einer Schublade
- Entwicklung des Ordnungssinns

Alter: ab 2 ½ Jahren

Darbietung und Übung

- Die Schublade ist geschlossen.
- Die pädagogische Fachkraft umfasst mit Daumen, Zeige- und Mittelfinger jeweils einen Knopf der Schublade oder mit allen Fingern den Griff der Schublade.
- Sie öffnet und schließt langsam, vorsichtig und geräuschlos eine Schublade.
- Dann werden alle weiteren Schubladen geöffnet und geschlossen.

Die Erzieherin fordert das Kind auf, die Übung in gleicher Weise durchzuführen.

Weitere Übungsvorschläge

- Schranktüren werden leise auf- und zugemacht.
- Gruppenraumtüren werden vorsichtig geöffnet und geschlossen.

Anwendung der Übung im täglichen Leben

- Spielzeug wird aus einer Schublade geholt und später wieder dorthin zurückgebracht,
- Besteck wird aus einer Besteckschublade geholt oder zurückgelegt.
- Geschirr wird zum Tischdecken aus einem Schrank geholt oder nach dem Spülen zurückgestellt.

(vgl. Hainstock, 1971, S. 30 f.)

„Tragen eines Stuhls"

Material: ein Kinderstuhl

Ziele:
- Entwicklung und Koordination der Bewegung durch behutsames Tragen des Stuhls

- Schulung des Sinns für Genauigkeit und Sorgfalt im Umgang mit Gegenständen

Alter: ab 2 ½ Jahren

Darbietung und Übung

- Die Übungsleiterin steht vor dem Stuhl.
- Sie beugt sich nach vorne und greift mit einer Hand die vordere Kante des Sitzes und mit der anderen Hand die Lehne des Stuhls.
- Sie richtet sich wieder auf und trägt den Stuhl zu seinem Platz, wobei sie bewusst darauf achtet, keine Personen oder Gegenstände anzustoßen (außerdem sollte der Stuhlsitz immer waagerecht gehalten werden).

Die Übungsleiterin fordert das Kind auf, die Übung in gleicher Weise durchzuführen.

Anwendung der Übung im täglichen Leben

- Die Kinder tragen Stühle zum Frühstückstisch.
- Einige Kinder der Gruppe bilden gemeinsam mit der Leiterin einen Stuhlkreis.

Tragen eines Stuhls

(vgl. Hainstock, 1971, S. 35)

„Ein Blatt lochen"

Material: ein DIN-A4-Bogen, ein Locher

Ziele:
- Entwicklung und Koordination der Bewegung
- Vorbereitung von Ordnung und Sorgfalt im Umgang mit Arbeitsblättern

Alter: ab 4 Jahren

Darbietung und Übung

- Das Blatt Papier liegt neben dem Locher auf dem Tisch.
- Die pädagogische Fachkraft nimmt das Blatt Papier und faltet es längsseitig und ganz vorsichtig so, dass die kurzen Seiten genau aufeinanderliegen.
- Zur Kontrolle fährt sie mit dem Zeigefinger über die genau aufeinanderliegenden Kanten.

- Durch einen leichten vorsichtigen Druck des Zeigefingers markiert sie die Mitte einer Längsseite, ohne das Blatt vollständig zu knicken.
- Dann entfaltet sie das Blatt und führt es mit einer Hand in den Locher ein. Sie achtet dabei darauf, dass der leicht entstandene Knick genau an der Pfeilmarkierung des Lochers anliegt.
- Dann drückt sie mit der einen Hand den Drücker des Lochers hinunter.

Nun führt das Kind die Übung in gleicher Weise durch.

„Tisch decken"

Material: ein Tablett mit folgenden Gegenständen: Dessertteller, Unterteller, Untertasse, Platzdeckchen; eventuell Tischschmuck wie Blumen in einer kleinen Vase, Kerzen

Ziele: Entwicklung und Koordination der Bewegung, Schulung des Sinns für gute Sitten und Ästhetik

Alter: ab 2 ½ Jahren

Darbietung und Übung

- Die Leiterin holt gemeinsam mit dem Kind alle Dinge, die zum Tischdecken benötigt werden, aus dem Schrank.
- Sie legt ein Platzdeckchen an einen Platz.
- Danach fasst sie den Dessertteller mit beiden Händen und stellt ihn mit langsamen, deutlichen Bewegungen zentriert an den Tischrand auf das Platzdeckchen.
- Ebenso erfasst sie den Unterteller und platziert ihn rechts oben neben den Dessertteller.
- Sie greift nun den Henkel der Tasse und stellt diese auf den Unterteller (eventuell stellt sie in die Mitte des Tisches die Kerze und die Blumenvase).

Zum Schluss bittet die Leiterin das Kind, in gleicher Weise den nächsten Platz einzudecken

Weitere Übungsvorschläge

- Ein Kaffeelöffel wird neben die Tasse auf den Unterteller gelegt.
- Lebensmittel zum Frühstücken wie Brot, Butter und Marmelade werden auf den Tisch gestellt.

Anwendung der Übung im täglichen Leben

Das Kind legt an jeden Platz ein Platzdeckchen und stellt ein Gedeck darauf, um den Frühstückstisch für die Gruppe zu decken.

(vgl. von Oy, 1993, S. 40 f.)

„Eine Möhre schrappen"

Material: Möhre, Schälmesser, Brettchen, Schälchen (für die Schalenreste)

Ziele:
- Entwicklung und Koordination der Bewegung
- Schale beim Gemüseputzen hauchdünn entfernen

Alter: ab 4 Jahren

Darbietung und Übung

Vor Beginn werden die Haare zusammengebunden, Schmuck und/ oder Schal abgelegt und die Hände gewaschen.

- Alle benötigten Materialien stehen griffbereit oder werden mit dem Kind gemeinsam geholt.
- Das Brettchen steht in Längsrichtung vor der pädagogischen Fachkraft, die Möhre liegt dort ebenfalls in Längsrichtung.
- Mit der einen Hand hält sie die Möhre fest, mit der anderen Hand erfasst sie das Schälmesser und schneidet zunächst den Wurzelansatz ab (den Stielansatz lässt sie noch stehen, damit die Möhre angefasst werden kann).
- Dann hält sie die Möhre am Stielansatz fest und beginnt, die Schale vorsichtig von sich weg abzuschaben. Um alles „abzuschrappen", dreht sie die Möhre beim Arbeiten mit dem Schälmesser. (eventuell wird die Möhre danach noch kurz abgewaschen)
- Die Möhre wird dann zum Verzehr bereitgehalten.
- Zum Schluss entfernt sie noch die Schalenreste vom Brettchen, indem sie diese in das Schälchen (evtl. mit dem Messer) schiebt.
- Alle Materialien werden zum Schluss gereinigt und weggeräumt.

Die Leiterin fordert das Kind auf, die beobachtete Übung ebenfalls durchzuführen.

Weitere Übungsvorschläge

Das „Schrappen" kann mit weiteren festen Gemüsesorten durchgeführt werden.

„Abwischen eines Tisches"

Material: Kindertisch, ein kleiner Eimer, Spülmittel, Schwamm, Trockentuch

Ziel: Entwicklung und Koordination der Bewegung

Alter: ab 3 Jahren

Darbietung und Übung

- Die pädagogische Fachkraft gibt einen Tropfen Spülmittel in einen kleinen Eimer und füllt ihn halbvoll mit lauwarmem Wasser.
- Sie geht mit diesem Eimer zu einem kleinen Kindertisch, stellt ihn ab und holt die weiteren Materialien.
- Nun taucht sie den Schwamm in das Wasser und drückt ihn mit deutlichen Bewegungen etwas aus.
- Sie reibt die verschmutzte Tischfläche ab, indem sie von den Ecken zur Mitte hin arbeitet.
- Sie spült den Schwamm im Wasser gut aus, und zwar so, dass er nur noch leicht feucht ist.
- Sie geht nochmals mit dem Schwamm in gleicher Weise wie oben beschrieben über die Tischfläche.
- Danach reibt sie mit dem trockenen Tuch mit kreisenden Bewegungen von der Ecke zur Mitte die Tischfläche sorgfältig ab, bis diese ganz trocken ist.
- Zum Schluss gießt sie das Wasser aus und stellt alle benötigten Materialien an den entsprechenden Platz zurück.

Sie fordert das Kind auf, die beobachtete Übung an einem anderen Tisch ebenfalls durchzuführen.

Anwendung der Übung im täglichen Leben

Das Kind beteiligt sich beim Abwischen der Tische nach den Mahlzeiten.

„Geschirr spülen"

Material: Spülbecken und Plastikschüssel oder zwei Plastikschüsseln, Spülmittel, Spülbürste oder Spülschwamm, Abtropfgestell, Geschirrtuch

Ziele:
- Entwicklung und Koordination der Bewegung
- Bewältigung kleinerer Hausarbeiten

Alter: ab 2 ½ Jahren

Darbietung und Übung

Schritt 1
- Die pädagogische Fachkraft bindet sich eine Schürze um.
- Sie füllt das vorhandene Spülbecken oder eine Plastikschüssel mit handwarmem Wasser und gibt ein bis zwei Tropfen Spülmittel hinzu.
- In die (andere) Plastikschüssel füllt sie handwarmes klares Wasser.
- Sie legt einen Teller ins Abwaschwasser und säubert ihn mit der Spülbürste oder dem Spülschwamm mit kreisenden Bewegungen von der Mitte des Tellers bis zum Tellerrand.
- Danach legt sie den Teller in das klare Wasser, spült den Schaum darin ab und legt den gespülten Teller auf das Abtropfgestell.
- Die pädagogische Fachkraft nimmt das Geschirrtuch in die eine Hand, den Teller in die andere und trocknet ihn mit langsamen, deutlichen Bewegungen ab.
- Dann stellt sie den trockenen Teller auf seinen Platz.

Sie fordert das Kind auf, diese Übung mit weiterem Geschirr durchzuführen.

Schritt 2
- Die pädagogische Fachkraft lässt das Spülwasser ab bzw. schüttet es aus.
- Die Spülbürste wird gereinigt und etwas ausgeschüttelt, der Schwamm gereinigt und ausgedrückt.
- Dann werden diese Materialien an ihren Platz zurückgeräumt und das Geschirrtuch wird zum Trocknen aufgehängt.

Weitere Übungsvorschläge

Das Kind versucht nach und nach, die Übung allein durchzuführen, indem es beispielsweise das Puppengeschirr in der oben beschriebenen Weise spült.

Anwendung der Übung im im täglichen Leben

Das Kind spült nach den Mahlzeiten das von ihm benutzte Geschirr selbstständig ab.

„Hände waschen"

Material: Handwaschbecken im Waschraum, Seifenschale mit Seife entsprechend der Hand des Kindes, helles kleines Handtuch, Eimer, Aufnehmer

Ziele:
- Entwicklung und Koordination der Bewegung
- Kombination mehrerer zu einem Gesamtvorgang gehörender einzelner Arbeitsvorgänge

Alter: ab 3 Jahren

Darbietung und Übung

- Alle benötigten Materialien (siehe oben) stehen griffbereit oder werden vor dem Waschvorgang mit dem Kind gemeinsam geholt.
- Die pädagogische Fachkraft stellt sich vor das Waschbecken und krempelt die Ärmel hoch.
- Sie steckt den Stöpsel in das Waschbecken und füllt es mit lauwarmem Wasser.
- Sie legt die Hände in das Wasser, hebt sie hoch und lässt sie leicht abtropfen.
- Sie fasst die Seife an und beginnt, die Hände Finger für Finger einzuseifen, indem sie jeden Finger vom Nagel bis zur Wurzel einseift.
- Sie legt die Seife an ihren Platz zurück.
- Dann taucht sie die Hände wieder in das Wasser.
- Sie reibt im Wasser die Handflächen aneinander, reibt mit der einen Hand den Rücken der anderen und umgekehrt und entfernt so den Seifenschaum.
- Die Leiterin hält die Hände hoch und schüttelt sanft die Tropfen ab.
- Der Stöpsel wird herausgezogen, damit das Wasser ablaufen kann.
- Sie nimmt ein helles Handtuch und trocknet Finger für Finger vom Nagel bis zur Wurzel ab.
- Das Handtuch wird zurückgehängt. *(Ist das Handtuch sauber, wurden die Hände richtig gewaschen = selbstständige Fehlerkontrolle)*

Nun führt das Kind die Übung in gleicher Weise durch. Nach der Übung stellen pädagogische Fachkraft und Kind alle benötigten Materialien zurück an ihren Platz.

Weitere Übungsvorschläge

- Man führt das Kind in den Gebrauch des Waschlappens ein.
- Kinder zeigen sich gegenseitig, wie die Hände richtig gewaschen werden.

Anwendung der Übung im täglichen Leben

Das Kind wäscht sich vor jedem Essen selbstständig die Hände.

„Zopf flechten"

Material: Brett mit ca. 30 cm langen Kordeln in drei verschiedenen Farben, kleine Haarspange oder ein Haargummi

Ziele:
- Koordination und Kontrolle der Bewegung
- Auge-Hand-Koordination
- Entwicklung von Konzentration und Sorgfalt

Alter: ab 3 Jahren

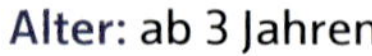

Flechtbrett

Darbietung und Übung

- Das Brett zum Flechten liegt auf dem Tisch.
- Die pädagogische Fachkraft nimmt die linke und die rechte Kordel unten gleichzeitig in jeweils eine Hand.
- Sie legt die linke Kordel über die mittlere und hält sie unten gut fest.
- Nun nimmt sie die rechte Kordel und führt sie über die neu entstandene mittlere Kordel und hält sie unten fest. Die andere Hand lässt dabei die fixierte Kordel los, greift wieder zur linken Kordel, führt sie über die mittlere usw.
- So verfährt sie weiter, bis der Zopf geflochten ist.
- Dann wird der fertige Zopf mit der kleinen Haarspange fixiert.

Nun führt das Kind die Übung in gleicher Weise durch. Nach der Übung stellen die pädagogische Fachkraft und das Kind alle benötigten Materialien zurück auf ihren Platz.

Weitere Übungsvorschläge und Anwendung der Übung im täglichen Leben

Puppenhaare oder Haare von anderen Kindern werden zu einem Zopf geflochten.

(vgl. Pichler, H. und M., 2010, S. 146 f.)

„Schleife binden an einem Rahmen mit fünf Schleifen"

Material: rechteckiger Holzrahmen (ca. 30 x 30 cm) mit zwei Stoffteilen, an deren Innenseite sich je fünf Schleifenbänder befinden. Die Bänder der beiden Seiten sind verschiedenfarbig, um dem Kind die Benutzung zu erleichtern.

Schleifenrahmen

Ziele:
- Koordination und Kontrolle der Bewegung
- Bewältigung eines Arbeitsvorgangs von mehreren Stufen
- Vorbereitung auf das selbstständige Anziehen

Alter: ab 4 Jahren

Darbietung und Übung

- Die pädagogische Fachkraft öffnet Schleife für Schleife von unten nach oben, fasst dabei die Enden der Bänder und zieht sie nach außen.
- Sie öffnet alle Knoten von unten nach oben.
- Dann werden die Stoffteile auseinandergeklappt und die Bänder an den Seiten geordnet.
- Mit beiden Händen wird jedes Stoffteil angefasst und zur Mitte gelegt.
- Die Erzieherin legt die beiden unteren Bänder durch Kreuzen der Arme übereinander und verfährt mit den anderen Bändern ebenso.
- Das Ende des oberen Bandes wird unter das andere Band geschoben und herausgezogen, sodass ein Knoten entsteht.
- Mit einem Band wird eine Schlaufe gebildet, welche dicht an den Knoten gehalten wird.
- Mit Daumen und Zeigefinger der anderen Hand wird das freie Band von vorne nach hinten um die Schlaufe geführt und durch die entstehende Öffnung über den Knoten gesteckt.
- Die beiden Schlaufen werden fest angezogen, sodass eine Schleife mit zwei gleichen Schlaufen und Enden entsteht.

Das Kind wird aufgefordert, einen Teil der beobachteten Übung einzuüben.
(Die weiteren Schritte werden an mehreren aufeinanderfolgenden Tagen eingeübt.)

Weitere Übungsvorschläge

- Eine Schleife wird an einem Schuh gebunden, der auf einem Tisch steht
- Am eigenen Schuh wird eine Schleife gebunden.
- Auf einem Pappkarton sind verschiedenartige Bänder befestigt, z. B. Kordeln, Geschenkbänder, Baumwollbänder. Das Kind bindet daraus Schleifen.

Anwendung der Übung im täglichen Leben

- Das Kind schließt seine Schleifen selbstständig.

- Es hilft anderen Kindern beim Binden von Schleifen.
- Es verpackt Geschenke und verschnürt sie mit Geschenkband und Schleifen.

(vgl. von Oy, 1993, S. 34 f.)

„Socken anziehen"

Material: eine Socke mit andersfarbiger Kennzeichnung von Ferse und Spitze

Ziel: Entwicklung und Koordination der Bewegung

Alter: ab 4 Jahren

Darbietung und Übung

- Die Leiterin nimmt die Socke so in die Hand, dass die Ferse in ihre Richtung zeigt.
- Nun wickelt sie die Socke zu drei Viertel mit Daumen und Zeigefinger beider Hände auf.
- So stülpt sie die Socke über die Zehen.
- Dann rollt sie die Socke weiter über die Ferse.
- Sie zieht den Rest der Socke bis oben.
- Sie schaut noch einmal bewusst auf die andersfarbigen Anteile von Spitze und Ferse, um zu überprüfen, ob die Socke richtig angezogen wurde.

Nun führt das Kind die Übung in gleicher Weise durch.

„Schuhe putzen"

Material: Wachstuchdecke, Mülleimer für groben Schmutz, Schürze, schmutzige Schuhe* (am besten eignet sich für die erste Einführung ein glatter Kinderstiefel mit Reißverschluss), Schmutzbürste*, Dose mit farbloser Schuhcreme*, Cremebürste für farblose Schuhcreme*, Bürste zum Blankreiben*, Poliertuch*

Ziele:
- Koordination und Kontrolle der Bewegung
- Bewältigung eines Arbeitsvorgangs von mehreren Stufen
- Sorgfalt im Umgang mit den eigenen Kleidungsstücken

Alter: ab 3 Jahren

Darbietung und Übung

- Die pädagogische Fachkraft und das Kind binden sich die Schürze um.
- Dann ordnet die Erzieherin alle Gegenstände, die oben mit einem Sternchen (*) gekennzeichnet sind, in vorgegebener Reihenfolge an.
- Sie erklärt dem Kind zunächst die Funktion eines jeden Gegenstandes.
- Die pädagogische Fachkraft greift mit einer Hand in den Stiefel und bürstet ihn über dem Mülleimer mit der groben Schmutzbürste von oben nach unten ab (Sohle nicht vergessen!).
- Sie öffnet langsam die Dose mit der farblosen Schuhcreme und reibt die Borsten der Cremebürste mit kreisenden Bewegungen solange damit ein, bis sich genügend Schuhcreme an der Bürste befindet.
- Nun wird der Schuh in langsamen, kreisenden Bewegungen eingecremt. (Während die Creme einzieht, wiederholt das Kind den Vorgang mit dem anderen Stiefel.)
- Die Erzieherin stützt den Stiefel auf der Unterlage ab und putzt ihn nun mit der Polierbürste blank (Auf- und Abbewegungen und Hin- und Herbewegungen durchführen!).

ACHTSAMKEIT

Die Übung wird nur auf diese Weise und nicht in der Luft vorgemacht!

- Das Kind wiederholt die Übung mit dem anderen Stiefel.
- Zum Schluss faltet die pädagogische Fachkraft den Polierlappen handgerecht und poliert den Stiefel mit dem Polierlappen in kreisenden Bewegungen.
- Nun führt das Kind die Übung in gleicher Weise durch.
- Nach der Übung stellen die pädagogische Fachkraft und das Kind alle benötigten Materialien zurück auf ihren Platz.

Weitere Übungsvorschläge

- Schuhe mit farbiger Schuhcreme putzen
- schwieriger zu reinigende Schuhe putzen wie z. B. Velourslederschuhe oder mehrfarbige Schuhe
- Schuhe für alle Kinder nach einem Spaziergang putzen

(vgl. Pichler, H. und M., 2010, S. 160 ff.)

2.4 Das Sinnesmaterial und seine pädagogisch-didaktische Bedeutung

Das Sinnesmaterial basiert auf sorgfältigen psychologischen Versuchen mit jenen Materialien, die Itard und Seguin benutzten, um Kinder mit Behinderungen im Bereich „geistige Entwicklung" zu fördern. Maria Montessori übernahm zudem weitere Materialien aus der Experimentalpsychologie. Außerdem verweist sie auf Materialien, die sie in der ersten Zeit ihrer Versuchsarbeit bestimmt hatte.

Die pädagogische Intention des Sinnesmaterials:

* Die Sinne werden trainiert.
* Fehlentwicklungen und Störungen in der Entwicklung können erkannt werden (diagnostische Funktion).
* Das Material hilft dem Kind, bestimmte Kategorien zu finden (Identifikation, Implikation, Substanz, Kausalität usw.).

Eigenschaften des Sinnesmaterials:

* **Isolierung einer Eigenschaft:** Das Material bleibt gleich, es verändert sich nur eine Eigenschaft (z. B. Größe, Dicke, Länge).
* **Selbstständige Fehlerkontrolle:** Das Kind braucht den Erwachsenen nicht, denn das Material ist so beschaffen, dass das Kind selbst prüfen kann, ob es richtig gehandelt hat (z. B. Zylinder passen nicht in die angebotenen Öffnungen eines Gefäßes).
* **Begrenzung:** Jedes Material ist nur einmal vorhanden. Das Kind weiß, dass es Material, das von anderen benutzt wird, respektieren muss. So fördert es sein Sozialverhalten, Begriffe des Wartens und Respektierens können sich auf dies Weise ausprägen.

Überblick über das Sinnesmaterial

Unterscheidung von Dimensionen

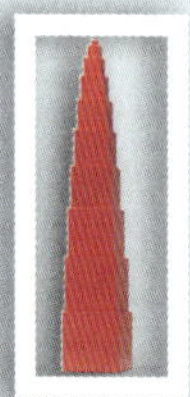

Rosa Turm: (Begriffsbildung: groß/klein)

Braune Treppe (Begriffsbildung: dick-dünn)

Rote Stangen (Begriffsbildung:lang-kurz)

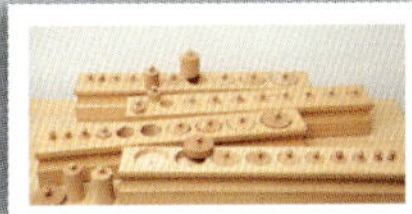

Einsatzzylinder-Blöcke

Farbige Zylinder

Unterscheidung von Farben

Farbtäfelchen

Unterscheidung von Formen

Geometrische Kommode

Biologische Kommode

	 Konstruktive Dreiecke
	 Geometrische Körper
Unterscheidung von Oberflächen- und Materialstrukturen	 Tastbretter
	 Kasten mit Stoffen
Unterscheidung von Gewichten	 Gewichtstafeln
Unterscheidung von Geräuschen und Tönen	 Montessori-Glocken
	 Geräuschdosen

Unterscheidung von Gerüchen	Geruchsdosen
Unterscheidung von Geschmacksrichtungen	Geschmacksgläser

Anmerkung: Viele Erzieherinnen konnten bei Experimenten beobachten, dass Kinder ein sehr unterschiedliches Wärmeempfinden haben. Deshalb unterbleibt in diesem Praxisbegleitheft die Vorstellung von Material zur Unterscheidung von Wärmequalitäten.

Die Begriffe „heiß" und „kalt" können jedoch gut in den Alltag integriert werden, insbesondere bei hauswirtschaftlichen Angeboten.

Im Folgenden wird die Arbeit mit dem Sinnesmaterial exemplarisch jeweils mithilfe eines Materials vorgestellt, und zwar aus den Bereichen **Material zur Unterscheidung von**

* Dimensionen und Abstufungen,
* Farben,
* Formen,
* Oberflächen- und Materialstrukturen,
* Gewichten,
* Geräuschen, Gerüchen und Geschmacksrichtungen.

TIPP

Es ist nicht in jedem Fall notwendig, mit dem handelsüblichen Montessori-Material zu arbeiten. Einige Sinnesmaterialien lassen sich leicht selbst herstellen.

Für die Arbeit mit dem Dimensionsmaterial ist der Einsatz des Originals sinnvoll, ansonsten lassen sich meist Alternativen finden. Einige davon werden im Folgenden vorgestellt und sind mit Sternchen (*) gekennzeichnet.

2.4.1 „Rosa Turm"

(Beispiel für ein Montessori-Material zur Unterscheidung von Dimensionen und Abstufungen)

Material: 10 rosafarbende Kuben, die sich dreidimensional verändern; der kleinste Kubus weist eine Kantenlänge von 1 cm auf, der größte eine Kantenlänge von 10 cm.

Direktes Ziel: Begriffsbildung: groß – klein

Indirekte Ziele: Erkennen von Dimensionen, Entwicklung von Ordnungsstrukturen, Sensibilisierung des Tastsinns

INHALT/MÖGLICHE ANGEBOTE	METHODISCHE ANMERKUNGEN
Einführung: Bauen eines Turmes, beginnend mit dem größten Kubus (10 x 10 x 10 cm) bis zum kleinsten Kubus (1 x 1 x 1 cm)	Die pädagogische Fachkraft gibt eine Einführung mit langsamen, sparsamen Bewegungen. Am Turm von unten nach oben mit den Fingerspitzen entlangfahren (evtl. mit geschlossenen Augen).
Weiterführende Übungen: Der Turm wird so übereinandergesetzt, dass eine Ecke und zwei Seiten übereinstimmen.	Die Erzieherin vergleicht den Freiraum mit dem kleinsten Kubus und ermutigt das Kind zur Nachahmung (Fehlerkontrolle).
Grundübung in horizontaler Richtung	
Kuben über Eck aufeinandersetzen.	
Den nächstkleineren Kubus immer nur bis zur Mitte des vorhergehenden Kubus setzen, abwechselnd nach rechts und links.	Dabei werden indirekt erste statische Erfahrungen gesammelt.
Veränderung der vorgegebenen Ordnung 10 bis 1 unter Berücksichtigung der Harmonie in vertikaler und horizontaler Richtung: 10 –5 – 9 – 4 – 8 – 3 – 7 – 2 – 6 – 1 oder 10 – 1 – 9 – 2 – 8 – 3 – 7 – 4 – 6 – 5	
Unterbrechung der Reihe der Kuben von 1 bis 10. Das Kind wird aufgefordert, die sich ergebene Disharmonie zu zeigen.	
Turm mit geschlossenen Augen aufbauen.	

Wortlektion: „**Rosa Turm**" (exemplarisch für alle Materialien der Reihenbildung)

Ziele:
* Begriffsbildung groß – klein
* Begriffszuordnung

1. groß – klein (der größte und der kleinste Kubus werden ausgewählt)

1. **Stufe:**
   „Von diesen beiden Kuben ist dieser hier groß/klein." *(Das Benennen erfolgt durch die Erzieherin.)*

2. **Stufe:**
   „Gib mir von diesen beiden Kuben den Kubus, der groß/klein ist." *(Wiedererkennen durch das Kind)*

ACHTSAMKEIT

Der Übergang von der ersten zur zweiten Stufe ist meist sofort möglich. Wenn das Kind in der Wahl des Kubus ganz sicher ist, kann die Erzieherin zur dritten Stufe übergehen.

---

3. **Stufe:**
   „Wie ist dieser Kubus?" *(Kind benennt → Der passive Wortschatz wird zum aktiven.)*

2. groß – größer – am größten/klein – kleiner – am kleinsten

* Von den 10 Kuben werden die drei größten Kuben ausgewählt.
* Der Kleinste von ihnen wird mit einem deutlich kleineren vierten Kubus verglichen *(am besten eignet sich der kleinste Kubus von 1 x 1 cm Kantenlänge).*

1. **Stufe**
   * Die pädagogische Fachkraft zeigt auf den großen Kubus und sagt: „Dieser Kubus ist groß."
   * Sie zeigt auf den nächstgrößeren Kubus und sagt: „Dieser Kubus ist größer."
   * Sie zeigt auf den größten Kubus und sagt: „Dieser Kubus ist am größten."

2. **Stufe:**
   Die pädagogische Fachkraft schaut auf den kleinen und den großen *Kubus (gemeint ist der kleinste von den drei größten Kuben).*

und fordert das Kind auf: „Zeig mir den Kubus, der groß *(größer, am größten)* ist.

3. **Stufe:**
    „Wie ist dieser Kubus?" *(beim kleinsten der großen Kuben beginnen)*

Anmerkung: Ebenso wird die Steigerung der Adjektive „klein – kleiner – am kleinsten" eingeführt.

3. der Größte – der Kleinste

Es wird eine Reihe von Kuben gebildet, die beiden äußeren Kuben sind zu benennen:

1. **Stufe:**
    „Von all diesen Kuben ist dieser *(auf den größten Kubus zeigen)* der Größte und dieser *(auf den kleinsten Kubus zeigen)* der Kleinste."

2. **Stufe:**
    „Zeig mir den Kubus, der von all den Kuben der Größte/der Kleinste ist."

3. **Stufe:**
    „Was ist das für ein Kubus im Vergleich zu diesen Kuben?"

4. größer als – kleiner als

* Aus den 10 Kuben wird eine Reihe gebildet.
* Die pädagogische Fachkraft nimmt Kubus 5 heraus und bringt ihn in Beziehung zu den anderen Kuben der Reihe:

1. **Stufe:**
    „Dieser Kubus ist kleiner als jene." → Die Erzieherin zeigt auf die Kuben 6, 7, 8, 9, 10.
    „… und dieser Kubus ist größer als jene." → Sie zeigt auf die Kuben 4, 3, 2, 1.

2. **Stufe:**
    „Zeig mir die Kuben, die größer/kleiner sind als dieser."

3. **Stufe:**
    „Wie sind diese Kuben im Vergleich zu diesen Kuben?"

Anmerkung: Bei allen Wortlektionen können auch Relationen mit weiteren Kuben hergestellt werden.

Anwendung (Transferübungen)

INHALT/MÖGLICHE ANGEBOTE	ZIEL(E)	METHODISCHE ANMERKUNGEN
• unterschiedliche Gegenstände dem größten bzw. kleinsten Kubus zuordnen	• Festigung der Begriffe groß – klein	• alltägliche Gegenstände jeweils einmal groß und einmal klein wählen
• Gegenstände in unterschiedlichen Größenabstufungen finden und ordnen lassen	• Übertragung der Dimensionen auf andere Materialien	• Es bieten sich beispielsweise an: Matroschkas, Knöpfe, Perlen …
• Kinder dazu auffordern, sich der Größe nach aufzustellen (Messlatte)	• Übertragung der Dimensionen auf Größenunterschiede verschiedener Art	• Die Erzieherin misst die Kinder und markiert entsprechend auf der Messlatte.
• im Raum nach dem größten/ kleinsten Baustein, usw. suchen lassen	• Vertiefung der Begriffe „der Größte – der Kleinste"	
• unterschiedlich große Gegenstände ertasten und den kleinsten/größten Gegenstand herausfinden lassen	• Erkennen der Dimensionen ohne Gebrauch des Sehsinns	• Die Erzieherin stellt Körbchen mit Gegenständen aus der Umgebung der Kinder bereit.
• Memory/Domino mit großen und kleinen Motiven		
• Würfelspiel mit großen und kleinen Aufgaben		• Auf einen Blanko-Würfel werden auf drei Seiten große rosafarbene Würfel geklebt, auf die anderen drei Seiten kleine. Es werden dazu Karten angefertigt, die mit je einer „großen" und einer „kleinen" Aufgabe versehen werden. Entsprechend des Wurfes (großer oder kleiner rosafarbender Würfel) wird eine kleine oder große Aufgabe erledigt. *Beispiele:* • ein Taschentuch/eine Tischdecke falten, • eine Tierstimme nachahmen • ein Tier pantomimisch darstellen, seinen Vornamen nennen • seinen Vor- und Nachnamen nennen

2.4.2 „Farbkästen"

(Beispiel für ein Montessori-Material zur Unterscheidung von Farben*)

Kasten 1

Material: je zwei Täfelchen in den Farben Gelb, Rot und Blau

Farbtafeln

> **TIPP**
>
> Die Farbtäfelchen können mithilfe von Pappstreifen (4 cm x 7 cm) oder auch aus Sperrholz, das beispielsweise mit Acrylfarbe angemalt wird, leicht selbst hergestellt werden. Achten Sie darauf, dass die Ränder zum Anfassen farblos bleiben.

Direktes Ziel: Unterscheidung der Grundfarben

Indirektes Ziel: Entwicklung des Farbsinns

INHALT/MÖGLICHE ANGEBOTE	METHODISCHE ANMERKUNGEN
Einführung paarweise Zuordnung der gleichfarbigen Täfelchen	• Es ist auf gute Lichtverhältnisse zu achten. • Die Täfelchen werden mit Daumen, Zeige- und Mittelfinger an den Leistenseiten aufgenommen, zugeordnet und untereinander ausgelegt.
Weiterführende Übungen • Auslegen jeweils eines Täfelchens und Verteilen der zweiten Täfelchen im Raum. Diese sind dann zuzuordnen. • Korb mit verschiedenen Gegenständen in den Grundfarben, die den entsprechenden Farbtäfelchen zugeordnet werden.	

Wortlektion: Farbennennung: Gelb, Rot, Blau (Drei-Stufen-Wortlektion)

Anwendung (Transferübungen)

* Kordelkreise in den Grundfarben, denen Gegenstände aus dem Raum zugeordnet werden
* Korb mit Gegenständen aus der täglichen Umgebung in den Grundfarben, die den Farbtäfelchen zugordnet werden *(nähere Beschreibung siehe Kapitel 2.9).*
* Drehscheibe mit Grundfarben zum Finden farbgleicher Gegenstände in der Umgebung *(nähere Beschreibung siehe Kapitel 2.9)*

Farbzuordnung mit farbigen Kordeln

Kasten 2

Material: je zwei Täfelchen in den Farben Gelb, Orange, Rot, Weinrot oder Rosa, Blau, Violett, Grün, Braun, Schwarz, Weiß und Grau

Direkte Ziele: Kennenlernen von Mischfarben sowie von Schwarz und Weiß

Indirekte Ziele: Entwicklung des Farbsinns

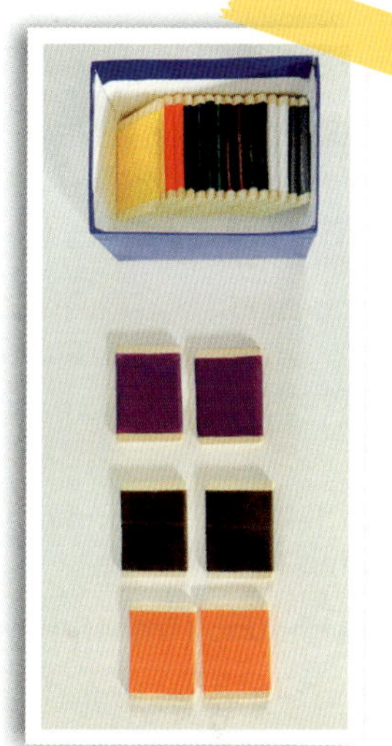

Farbkasten 2

INHALT/MÖGLICHE ANGEBOTE	METHODISCHE ANMERKUNGEN
Einführung paarweise Zuordnung der gleichfarbigen Täfelchen	• Die Einführung wird wie bei Kasten 1 vorgenommen durch die Zuordnung farbgleicher Täfelchen. • Am besten beginnt man mit wenigen Farbpaaren. Wenn das Kind die Farbunterschiede wahrnimmt und ihm die Paarung der gleichfarbigen Täfelchen gelingt, werden nach und nach die vorhandenen Mischfarben sowie Schwarz und Weiß hinzugenommen.

2

INHALT/MÖGLICHE ANGEBOTE	METHODISCHE ANMERKUNGEN
Weiterführende Übungen • Zu einem Farbtäfelchen werden farbgleiche Gegenstände im Raum gesucht. • Sind die Farben bekannt, kann das Kind nach der paarweisen Anordnung die Augen schließen. Ein Täfelchen wird entfernt. Das Kind nennt die Farbe des fehlenden Täfelchens. • Mischen zweier Grundfarben (z. B. zwei Gläser mit je blauer und gelber Flüssigkeit werden in einem dritten Glas gemischt). Die entsprechenden Farbtäfelchen können zugeordnet werden. • Zwei Grundfarbentäfelchen sollen der entsprechenden Mischfarbe zugeordnet werden.	

Wortlektion: Farbennennung der elf Farben dieses Kastens (Drei-Stufen-Wortlektion)

Anwendung (Transferübungen)

* Farben in der Umgebung feststellen
* Transparentkreise in den Grundfarben übereinanderlegen *(nähere Beschreibung siehe Kapitel 2.9)*
* Mischen von Farben
* Farbtäfelchenmemory *(nähere Beschreibung siehe Kapitel 2.9)*
* Garnrollenspiel zum Zuordnen gleicher Farbreihen *(nähere Beschreibung siehe Kapitel 2.9)*

Kasten 3

Material: Kasten mit neun Farbeinteilungen und jeweils sieben Farbtäfelchen einer Farbe, welche von hell bis dunkel abgestuft sind. Die Farben sind: Gelb, Orange, Rot, Weinrot oder Rosa, Blau, Violett, Grün, Braun, Grau.

Farbkasten 3

Direkte Ziele:
* Wahrnehmen und Erkennen von Farbnuancen
* Erkennen von Disharmonien

Indirektes Ziel:
* Entwicklung des Farbsinns

INHALT/MÖGLICHE ANGEBOTE	METHODISCHE ANMERKUNGEN
Einführung: Die Täfelchen einer Reihe werden herausgenommen und gemischt. Dann legt die pädagogische Fachkraft eine Farbreihe, die gleichmäßig abgestuft ist. Sie beginnt mit den beiden kontrastreichsten Täfelchen und ordnet je nach Aufnahmefähigkeit Täfelchen dazwischen an. **Weiterführende Übungen:** • eine Reihe vom dunkelsten zum hellsten Farbton legen, • aus der geordneten Reihe ein Täfelchen herausnehmen und die Stelle des Farbsprungs herausfinden lassen, • Legen eines Sterns (innen dunkle Farben, außen helle), • Legen einer Spirale (mit den hellen Farben beginnen, die dunklen Farben folgen lassen)	Entsprechend des Alters und des Entwicklungsstandes des Kindes kann die Einführung vereinfacht werden, indem zunächst weniger Täfelchen ausgelegt werden.

Wortlektion

Die Wortlektion betrifft die Benennungen:

* hell – dunkel
* „hell, heller, am hellsten" bzw. „dunkel, dunkler, am dunkelsten"
* das Hellste, das Dunkelste
* dunkler als …, heller als … *(vgl. Wortlektion „Rosa Turm", S. 49)*

Anwendung (Transferübungen)

* Aufhellen von Wasserfarbe mit Deckweiß
* Farbtafelspiel mit Farbabstufungen *(nähere Beschreibung siehe Kapitel 2.9)*

Weitere Übungen im täglichen Leben

Das Kind

* sucht Farben in der Umgebung und ordnet sie zu („Ich sehe etwas, was du nicht siehst …"),
* sucht, erkennt und benennt an seiner Kleidung und der Kleidung anderer Kinder die Farben,
* nimmt die Ampelfarben im Straßenverkehr wahr,
* unterscheidet beim Spaziergang Blumen und Blüten nach Farben bzw. erkennt und benennt die verschiedenen Farben einer Blumenart,
* gestaltet aus Muggelsteinen und Steckmaterial farbige Blumen-Teppiche,
* ordnet Buntstifte, Wäscheklammern, Köpfe … nach Farben,
* kombiniert Farben mit Tönen: hohe Töne – helle Farben; tiefe Töne – dunkle Farben,
* ordnet dem Jahreskreis Farben zu.

2.4.3 „Geometrische Körper"

(Beispiel für ein Montessori-Material zur Unterscheidung von Formen)

Material: ein Korb mit neun blauen geometrischen Körpern: Kugel, Ellipsoid, Ei, Zylinder, Pyramide, Kegel, Quader, Kubus, dreiseitiges Prisma, Kasten mit Grundflächentäfelchen

Direkte Ziele: Kennenlernen geometrischer Körper und ihrer Eigenschaften (durch Rollen, Kippen)

Geometrische Körper

Indirektes Ziel: Vorbereitung der Stereometrie[1]

INHALT/MÖGLICHE ANGEBOTE	METHODISCHE ANMERKUNGEN
Einführung: Exemplarisch werden an Kugel und Kubus durch Hantieren „Rollen" und „Kippen", sichtbar gemacht. Danach experimentiert das Kind eigenständig weiter. Allmählich werden die übrigen Körper auf diese Weise gezeigt.	Die Wortlektion „rollen"/„kippen" erfolgt, bevor die übrigen Körper gezeigt werden.
Weiterführende Übungen: • Das Kind ertastet in einem Körbchen unter einem Tuch einzelne Körper und benennt deren Eigenschaften. • Zwei Reifen werden auf den Teppich gelegt und rollende Körper in den einen, kippende Körper in den anderen gelegt. • Die Reifen werden übereinandergelegt, in die Mitte gehören die Körper, die sowohl rollen als auch kippen.	spielerische Mengenvorstellung (Schnittmenge)

---

1 *Die Stereometrie beschäftigt sich mit den Eigenschaften dreidimensionaler Grundformen. So sind für vielerlei Anwendungen insbesondere die Größe des Volumens und der Oberfläche von regelmäßigen Formen von Interesse.*

INHALT/MÖGLICHE ANGEBOTE	METHODISCHE ANMERKUNGEN
Einführung der Gundflächentäfelchen: Die Erzieherin legt die Grundflächentäfelchen aus und ordnet einen Körper zu, das Kind verfährt mit den übrigen Körpern ebenso.  **Weiterführende** Übungen: • einer Grundfläche alle Körper zuordnen, die darauf passen, • schauen, welche Körper verschiedene Grundflächen haben und diese entsprechend zuordnen	

Wortlektion

Ausgehend von bekannten Körpern (Kugel, Kubus) werden alle Körper in der Drei-Stufen-Wortlektion benannt:

1. „Das ist eine Kugel, ein Kubus und das ist eine **Pyramide**."
2. „Lege die Kugel auf …, den Kubus hinter …, die Pyramide in …"
3. „Wie heißt dieser Körper?"

(vgl. Weinhäupl u. a., Salzburg, 2016, S. 81 ff.)

Anwendung (Transferübungen)

* Körper in der Umgebung suchen (z. B. Toblerone-Schachtel, Ball, Bauklötze, …)
* Memory mit Abbildungen der Körper erstellen und beim Spiel die Körper nochmals benennen
* mit den älteren Kindern verschiedene Körper falten (Kubus, Quader)

2.4.4 „Tastbretter"

(Beispiel für ein Montessori-Material zur Unterscheidung von Oberflächenstrukturen)*

Material:
- Brettchen (24 x 12 cm), unterteilt in eine raue und eine glatte Fläche,
- Brettchen (24 x 12 cm), mit schmalen Streifen, abwechselnd rau/glatt,
- Brettchen (24 x 12 cm), mit schmalen Streifen, die von glatt nach rau abgestuft sind

Direkte Ziele: Schulung des Tastsinns, Erkennen unterschiedlicher Oberflächenstrukturen

Indirektes Ziel: Förderung der Feinmotorik als Vorbereitung auf das Schreiben

INHALT/MÖGLICHE ANGEBOTE	METHODISCHE ANMERKUNGEN
Einführung: Die pädagogische Fachkraft zeigt zunächst am Zwei-Quadrat-Brett, wie man mit den Fingern einer Hand locker über die Flächen streicht. Das Kind macht es ebenso. Danach werden die anderen Brettchen eingeführt, allerdings streicht die Erzieherin hier jeweils nur mit Zeige- und Mittelfinger über die Flächen.	Durch vorheriges Waschen der Hände kann die Empfindsamkeit in den Fingerspitzen erhöht werden. spätere „Schreibfinger"

Wortlektion

rau – glatt (Drei-Stufen-Wortlektion)

1. Mit geschlossenen Augen streicht die pädagogische Fachkraft über beide Flächen: „Diese Fläche ist rau, diese Fläche ist glatt."
2. „Zeig mir rau/glatt!"
3. „Wie ist diese Fläche?"

Anwendung (Transferübungen)

- Das Kind sucht Gegenstände im Raum, die rau bzw. glatt sind.
- Tastmemory *(siehe Kapitel 2.9)*
- Tastdomino *(siehe Kapitel 2.9)*

2.4.5 „Gewichtsbretter"

(Beispiel für ein Montessori-Material zur Unterscheidung von Gewichten)

Material: drei Serien von je 10 Brettchen (6 x 8 cm) unterschiedlicher Holzart und somit unterschiedlichen Gewichts

Direkte Ziele:
* Erkennen von Gewichtsunterschieden
* Entwicklung eines Gefühls für „leicht" und „schwer"

Gewichtsbretter

INHALT/MÖGLICHE ANGEBOTE	METHODISCHE ANMERKUNGEN
Einführung: Die pädagogische Fachkraft wählt aus der leichten und der schweren Serie ein Brettchen und legt es sich auf die ausgestreckte Hand. In lockerer, wiegender Bewegung versucht sie, das jeweilige Gewicht zu erspüren und sagt dann: „Dieses Brettchen ist leicht – dieses Brettchen ist schwer." Dann wiederholt das Kind diese Übung. **Weiterführende Übungen:** • mehrere Brettchen gleichzeitig wiegen • mit zwei Serien üben, die geringere Unterschiede aufweisen • Täfelchen vom schwersten bis zum leichtesten auslegen • das Gewicht der Brettchen mithilfe einer Waage vergleichen	Hände und Arme dürfen weder Körper noch Tisch berühren.

Wortlektion

schwer – leicht
1. „Von diesen beiden Brettchen ist dieses leicht/schwer."
2. „Welches Brettchen ist leicht/schwer?"
3. „Wie ist dieses Brettchen?"

Anmerkung: Wenn das Kind nun Brettchen aus der mittleren Serie auswählt und diese mit denen einer anderen vergleicht, erkennt es, dass die Begriffe „schwer" und „leicht" nur relativ sind.

(vgl. Montessori Vereinigung e. V., Teil 1, 1986, S. 73)

Anwendung (Transferübungen)

* auf der Waage Gegenstände aus der Umgebung wiegen und den Adjektiven „schwer", „leicht" und „gleich schwer" zuordnen,
* Zutaten für einen Kuchen abwiegen,
* die Kinder wiegen sich selbst und vergleichen, wer leichter/ schwerer ist

(vgl. von Oy, 1993, S. 102 f.)

2.4.6 „Geräuschdosen"

(Beispiel für ein Montessori-Material zur Unterscheidung von Geräuschen, Gerüchen und Geschmacksrichtungen)

Material: Bis zu 12 Filmdöschen in zwei Serien (rote und blaue Serie), verschiedene Sorten Füllmaterial für die Filmdöschen, wodurch eine Geräuschskala von laut bis leise entsteht (z. B. durch Füllungen wie Sand, Salz, Hirse, Pfefferkörner, Reis, Erbsen), jeweils zwei gleichfarbige Klebepunkte für die Standseite der Filmdöschen als Fehlerkontrolle

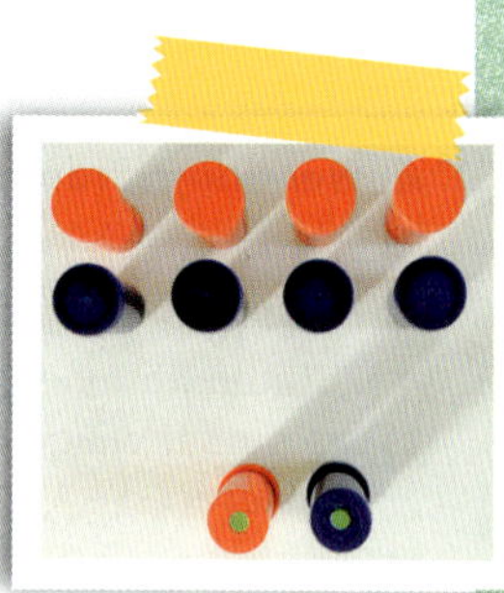

Geräuschdosen

TIPP

Farbige Döschen sind im Montessori-Fachhandel in verschiedenen Farben erhältlich. Diese können dann sowohl mit Materialien zum Erzeugen von Geräuschen als auch mit solchen zum Riechen und Schmecken gefüllt werden.

Direktes Ziel: Geräuschunterschiede wahrnehmen, erkennen und differenzieren

Indirektes Ziel: Schulung des auditiven Gedächtnisses

INHALT/MÖGLICHE ANGEBOTE	METHODISCHE ANMERKUNGEN
Die Filmdöschen einer Serie werden nacheinander auf den Tisch gestellt, die andere Serie daneben. Die pädagogische Fachkraft zeigt zunächst die Vorgehensweise: Sie nimmt ein rotes Filmdöschen, hält es erst an das rechte, dann an das linke Ohr und schüttelt es hin und her. Dann probiert sie herauszufinden, welches Filmdöschen aus der blauen Serie das gleiche Geräusch erzeugt.	Möglicherweise wird die Anzahl der Döschen beschränkt (dies richtet sich nach der Fähigkeit und dem Interesse des Kindes). Die Döschen werden bewusst an beide Ohren gehalten, weil das Hörvermögen auf den beiden Ohren unterschiedlich sein kann.

INHALT/MÖGLICHE ANGEBOTE	METHODISCHE ANMERKUNGEN
Hat sie ein Paar gefunden, stellt sie es zur Seite und versucht, in gleicher Weise die weiteren Paare zu ermitteln. Zum Schluss kontrolliert sie durch Umdrehen der Filmdöschen, ob sie alles richtig gehört hat. Danach fordert sie das Kind auf, dieses durchzuführen. **Weiterführende Übungen:** • Alle Döschen einer Serie werden an sechs Kinder verteilt, die pädagogische Fachkraft schüttelt eine der zurückgehaltenen Dosen. Das Kind, das eine Dose mit identischem Geräusch hat, bringt diese der Erzieherin. • Alle zwölf Döschen werden an die Kinder verteilt, die ihren jeweiligen „Gräuschpartner" suchen. • Es wird eine Reihe aus einer Serie von „leise" bis „laut" gebildet.	

Wortlektion

Es werden zwei kontrastierende Döschen von der Erzieherin geschüttelt, sie sagt:

1. „Von diesen beiden Geräuschen ist dieses laut und dieses leise!"
2. „Gib mir das Döschen mit dem lauten/leisen Geräusch!"
3. „Wie ist dieses Geräusch?"

Weiterhin werden folgende Wortlektionen eingeführt:
* laut – lauter – am lautesten; leise – leiser – am leisesten
* lauter als …, leiser als …

Anwendung (Transferübungen)

* laut/leise stampfen und klopfen
* Spiele, bei denen Geräusche oder Stimmen erkannt werden müssen (z. B. „Hänschen piep mal")

2.5 Übungen der Stille

Die Stille ist eines der wesentlichen Kennzeichen in der Montessori-Pädagogik.

Dadurch, dass das Kind in einer vorbereiteten Umgebung seine Beschäftigung frei wählen und selbstständig arbeiten kann, kommt es zu einem natürlichen „Stillsein", das nicht von außen auferlegt werden muss.

In dieser frei gewählten „Arbeit" entwickelt das Kind eine „Stillehaltung", denn es ist ganz in seine „Arbeit" vertieft, lässt sich von niemandem stören und stört auch andere nicht in ihrem Tun. Auch wenn zwischenzeitlich einmal Unruhe in der Gruppe entsteht, lässt sich das Kind immer wieder in die Stille zurückrufen, z. B. durch das Anschlagen einer Klangschale.

Besondere Stilleübungen, wie das „Gehen auf einer Linie" (s. u.), nehmen im Kinderhaus zeitlich zwar einen eher geringen Raum ein, dafür aber einen recht gewichtigen, denn gerade nach einer anstrengenden Aktivität braucht das Kind oft die Stille und ist bereit für entsprechende „Stilleübungen".

Stille im Gegensatz von Lärm, umfasst alle Sinne. Man spricht in der Montessori-Pädagogik beispielsweise auch von der „Stille der Augen"; gemeint ist das Vermeiden von Unordnung, grellen Farbreizen usw.

(vgl. Montessori-Material, Teil 1, Aachen, 1986, S. 24 f.)

Wirkungen der Stilleübungen

* Durch angeleitete Stilleübungen schult das Kind seinen Gleichgewichtssinn, es koordiniert und verfeinert in Achtsamkeit, Anmut und Selbstkontrolle seine Bewegungen.
* Es wird sich des eigenen Körpers bewusst und erlebt innere Ruhe.
* Es nimmt leise Geräusche bewusst wahr.
* Es fügt sich in eine Gemeinschaft ein und wird aufmerksam auf Wünsche und Vorstellungen anderer Kinder.

Voraussetzungen für Stilleübungen

Die Grundvoraussetzung ist die eigene Stilleerfahrung und -haltung der Erzieherin, die selbst ein inniges Verhältnis zur Stille und zu meditativen Übungen gewonnen haben muss. Des Weiteren gilt es, Folgendes zu beachten:

* Der Raum sollte geordnet, vorbereitet und so reizarm wie möglich gestaltet sein.
* Jedes Kind sucht sich eine bequeme Haltung, seinen Platz und versucht, den Nachbarn nicht zu stören. Diesbezüglich werden Vereinbarungen getroffen.
* Je nach Übung kann das Kind die Augen schließen („Prinzip der Freiwilligkeit"), der Raum kann abgedunkelt werden.
* Die jeweilige Übung beginnt mit einer entsprechenden Einstimmung – mit einer Klangschale, dem Anzünden einer Kerze …
* Die Erzieherin macht die Übung wortlos mit langsamen, sparsamen Bewegungen vor, nickt dann jedem einzelnen Kind zu – als Zeichen, dass es die Übung ebenfalls durchführen kann. Dann führen die Kinder die Übung durch.
* Stilleübungen werden eindeutig beendet, beispielsweise durch erneutes Anschlagen der Klangschale (Vereinbarungen treffen!)

(vgl. Weinhäupl u. a. 2016, S. 16)

Übung „Gehen auf der Linie"

Material: Isolierband oder Kreide zum Aufmalen einer 3 bis 4 cm breiten ellipsenförmigen Linie, deren langer Durchmesser wenigstens 4 m betragen sollte;

Tablett mit Gegenständen, die getragen werden können (Gläser und/oder Flaschen mit gefärbter Flüssigkeit, Glöckchen, Kerzen) Hintergrundmusik

Alter: 3 bis 6 Jahre

Darbietung und Übung

INHALT	METHODISCHE ANMERKUNGEN
Die Erzieherin geht zuerst auf die Linie und setzt deutlich den einen Fuß vor den anderen.	Im Hintergrund kann leise Musik erklingen.
Sie tritt an die Seite und ruft die Kinder nacheinander leise beim Namen und bittet sie, die Übung durchzuführen.	

INHALT	METHODISCHE ANMERKUNGEN
Nach und nach gehen alle Kinder hintereinander auf der Linie. die Kinder, die an der Erzieherin vorübergehen, werden aufgefordert, die Linie zu verlassen. So wird die Übung beendet.	Die Erzieherin ist nun Beobachterin, die bei auftretenden Schwierigkeiten durch leise Anregungen zur Korrektur anregen kann, z. B.: „Wir versuchen, genau auf die Linie zu treten."

Weitere Übungen

- Die Kinder tragen verschiedene Gegenstände wie Gläser/Flaschen mit gefärbtem Wasser, Glöckchen, Kerzen ...
- Sie gehen mit seitlich ausgestreckten Armen und geradem Rücken über die Linie.
- Sie balancieren eine Kugel auf einem Löffel und achten darauf, dass sie auf der Linie bleiben.
- Sie tragen ein Tablett mit einem gefüllten Glas Wasser über die Linie.

Fehlerkontrolle

- Durch Verlieren des Gleichgewichts wird die Linie verlassen.
- Das Wasser wird verschüttet, die Glocke klingt, die Kerze tropft.
- Andere Kinder werden angestoßen.

(vgl. Montessori-Material, Teil 1, 1986, S. 26 f.)

Gehen auf der Linie

Gehen auf der Linie – mit einer Kerze in der Hand

Weitere Ideen für Stille-Übungen

- ein Mandala aus Naturmaterialien legen (Muscheln, Zapfen, Blätter, Ästchen ...)
- die Augen schließen, einen Wecker verstecken und versuchen, ihn durch Lauschen zu finden
- im Stuhlkreis, ohne zu sprechen, ein Gemeinschaftshaus aus Bauklötzen bauen

„Stille-Tisch"/„Stille-Ecke"

In der vorbereiteten Umgebung wird eine „Stille-Ecke" oder ein „Stille-Tisch" platziert, wo die Kinder zur Konzentration gelangen können, wenn sie ganz in Ruhe arbeiten möchten.

Auf Tabletts stehen ansprechende Materialien geordnet bereit, die eine selbstständige Fehlerkontrolle enthalten. Sie werden auch „Stimme der Dinge" genannt, weil sie das Kind zum Handeln auffordern.

ACHTSAMKEIT

Die pädagogische Fachkraft ist gefordert, entsprechend ihrer Beobachtungen das Material von Zeit zu Zeit auszuwechseln, damit es genau den Bedürfnissen und Interessen der Kinder entspricht.

Es ist wichtig, Regeln zur „Arbeit" in diesem Bereich festzulegen, denn Kinder, die sich in die Stille zurückgezogen haben, dürfen die arbeitenden Kinder nicht stören. Erzieherinnen sollten es unterlassen, die Kinder durch Lob oder Nachfragen bei ihrer konzentrierten Arbeit zu stören. Ist der Stille-Platz besetzt, muss gewartet werden. Hierfür wird ein hohes Maß an Sozialkompetenz vorausgesetzt.

Ein Kind, das seine Arbeit am Stille-Platz beendet hat, räumt das Material wieder an seinen Platz zurück, denn die Ordnung der Umgebung hilft dem Kind, zur Konzentration zu gelangen.

(vgl. Sauer/Strecker, 2009, S. 60)

TIPP

Bläsius, Jutta: Übungen der Stille in der Montessori-Pädagogik: für Kinder von 2–6 Jahren (Montessori Praxis), Freiburg i. Br.: Herder, 2018

Jutta Bläsius stellt in ihrem Buch ausführlich und anschaulich das „Gehen auf der Linie", eine der bekanntesten Übungen nach Montessori, vor und erläutert den Sinn der Übungen und ihre Bedeutung für die kindliche Entwicklung.

Viele weitere Stilleübungen, die in diesem Praxisbuch vorgestellt werden, lassen sich problemlos in jedem Regelkindergarten umsetzen.

2.6 Kosmische Erziehung

Die kosmische Erziehung nach Maria Montessori umfasst die Einführung der Kinder in die Entwicklung des Universums, des Lebens auf der Erde und in die kulturelle Entwicklung der Gesellschaften sowie die Anleitung zum Kennen- und Verstehenlernen der Produkte dieser Entwicklung.

(vgl. Fthenakis/Textor, 2000, S. 42)

Durch die kosmische Erziehung lernt das Kind, die Welt zu verstehen, d. h., es erwirbt Wissen darüber, wie sich das Zusammenspiel zwischen Natur, Menschen und Kultur gestaltet. Die kosmische Erziehung in den Montessori-Einrichtungen (Kinderhaus und Schule) umfasst somit beispielsweise die Bereiche Geografie, Astronomie, Geschichte, Physik, Biologie und Chemie.

Im Kinderhaus werden zunächst Fragen nach dem „Was" (Was gibt es?) und dem „Wie" (Wie ist es?) behandelt.

Hierzu zählen die Natur mit ihren jahreszeitlichen Rhythmen, die Tiere, die Pflanzen, die in ihr leben, der Rhythmus von Tag und Nacht, die Planeten, Menschen und Bräuche, Kontinente und Völker Im Kindergarten entsprechen diese Themen vor allem dem Bildungsbereich 8 „Naturwissenschaftlich-technische Bildung" und dem Bildungsbereich 9 „Ökologische Bildung".

(vgl. Bildungsgrundsätze NRW, 2016)

„Das Interesse des Kindes hängt allein von der Möglichkeit ab, eigene Entdeckungen zu machen." (Maria Montessori)

(Maria Montessori, in: Ludwig, 25. Aufl. 2017, S. 41)

Die Zeit von drei bis sechs Jahren wird somit als Vorbereitung auf die Zeit der eigentlichen kosmischen Erziehung angesehen. In dieser Zeit interessieren zunächst nur die Naturerscheinungen an sich und nicht deren Zusammenhänge und Gesetzmäßigkeiten. Im Alter von sechs bis 12 Jahren findet dann die eigentliche kosmische Erziehung statt, in der auch die Zusammenhänge und das „Warum?" von Interesse sind.

In diesem Zusammenhang sind die von Maria Montessori entworfenen **„kosmischen Erzählungen"** sehr interessant. Sie werden erzählt, um den Grundschulkindern in komprimierter Form einen Überblick über die grundlegenden Entstehungsvoraussetzungen des gesamten Universums einschließlich des menschlichen Lebens geben zu können.

Es gibt sechs große Erzählungen:

* Die große Erzählung von der Entstehung des Universums (Gott, der keine Hände hat)
* Die große Erzählung von der Entwicklung des Lebens auf der Erde
* Die große Erzählung des Erscheinens des Menschen auf der Erde
* Die große Erzählung „Der Ochse und das Haus" (Einführung in die Entwicklung der Schriftsprache und des Alphabetes)
* Die große Erzählung über die Entstehung der Zahlen und des Rechnens (Einführung in die Mathematik)
* Die Geschichte „Das Land oder die Nation des großen Flusses" (Einführung in die menschliche Physiologie und Anatomie)

(vgl. Schumacher, 2016, S. 97 f.)

Die Kinder im Kinderhaus erfahren etwas über die Erde, auf der sie leben, indem es ihnen ermöglicht wird,

* Naturerscheinungen zu beobachten und zu experimentieren (Wetterphänomene, Sternbilder; Experimente zu den Themen Wasser, Luft, Licht, Mechanik, Magnetismus, Strom, Stoffe und ihre Eigenschaften, ...),
* Naturerfahrungen im Umgang mit der Natur zu sammeln und somit Verantwortung für die Natur zu übernehmen (Tier- und Pflanzenpflege, Umweltschutz, ...),
* Materialien zum Verstehen der zyklischen Zeiterfahrung kennenzulernen (Lebens- und Geburtstagskette, Jahreszeitenspiel, Lernuhren, Uhrenspiel zum Zuordnen von Tätigkeiten im Tagesablauf ...),
* Materialien zur Wortschatzerweiterung im Bereich „Botanik" kennenzulernen (botanische Kommode (s. u.), botanische Puzzles, ...),
* Materialien zum Kennenlernen der einzelnen Körperteile von Tieren einzusetzen (Holzkommode mit fünf Tierpuzzles, ...),
* Lebenszyklen von Pflanzen und Tieren kennenzulernen (Schichtpuzzle zu den Wachstumsphasen verschiedener Pflanzen und Tiere wie Schneeglöckchen, Bohnenpflanze, Frosch, Distelfalter, ...).

(vgl. Schumacher, 2016, S. 139)

Vorstellen einiger ausgewählter Materialien zur kosmischen Erziehung im Kinderhaus

Geburtstag feiern nach Montessori

Grundgedanke/Zielvorstellung: Würdigung dessen, was während der letzten Jahre/des letzten Jahres alles passiert ist

Material: Jahreskreis mit Sonne und „Lebenslicht" in der Mitte, Kerzen entsprechend der Geburtsjahre des Kindes, kleiner Globus, eventuell Lebensbuch mit Erzählungen aus den bisherigen Lebensjahren des Kindes

Jahreskreis zum Geburtstagfeiern

Durchführung

Ist das Lebenslicht angezündet, bekommt das Kind den Globus in die Hand. Während die pädagogische Fachkraft über das erste Jahr des Kindes aus seinem Lebensbuch vorliest, läuft das Kind langsam den Jahreskreis ab. Das Geburtstagskind läuft also um den Jahreskreis herum und trägt dabei die Erde. Jedes Mal, wenn es an seinem Geburtsmonat vorbeikommt, wird eine Kerze angezündet, und zwar so lange, bis die Anzahl der brennenden Kerzen mit dem Alter des Kindes übereinstimmt.

Variation

Während der letzten Runde kann das Kind dazu angehalten werden, an bestimmten Monaten oder Jahreszeiten stehenzubleiben und selbst von einem Erlebnis erzählen, das ihm in Erinnerung geblieben ist: „Da hatte Mama Geburtstag!", „Im Sommer sind wir ans Meer gefahren."

(vgl. kinderbilden.com/wie-oft-bist-du-schon-um-die-sonne-geflogen/ [6.12.2019]).

TIPP

Unter der oben angegebenen Internetadresse finden Sie auch eine Anleitung zum Selbstgestalten eines Jahreskreises.

Arbeiten mit der „botanischen Kommode"

Material: Holzkasten mit drei Schubladen, in denen sich 18 Brettchen mit eingelegten Blattformen befinden, drei Kartensätze für alle Blattformen, die in der Kommode enthalten sind

- Serie 1: Abbildung der Blattform mit vollständig ausgefüllter Fläche
- Serie 2: Abbildung der Blattform mit breiter Linie (1 cm)
- Serie 3: Abbildung der Blattform mit schmaler Linie (1 mm)

Botanische Kommode

ACHTSAMKEIT

Es ist wichtig, dass die Einführung der botanischen Kommode im Zusammenhang mit realen Erfahrungen mit Blattformen erfolgt.

Direkte Ziele:
- unterschiedliche Blattformen erkennen
- Wortlektionen: Begriffe der einzelnen Blattformen

Indirekte Ziele:
- Entwicklung der Auge-Hand-Koordination
- Entwicklung des visuellen Gedächtnisses
- Erkennen der Vielfalt in der Natur

Darbietung und Übung

Die Erzieherin stellt eine Schublade auf den Teppich oder Tisch, nimmt ein Quadrat aus dem Satz heraus und legt es vor sich. Nun nimmt sie das grüne Blatt mit dem Dreifingergriff am Knopf in der Mitte heraus und umfährt dessen Rand mit dem Zeige- und Mittelfinger der rechten Hand. Dann nimmt sie den gelben Rahmen, umfährt die Innenkante der Aussparung mit dem Zeige- und Mittelfinger der rechten Hand. Danach setzt sie das Blatt wieder in den gelben Rahmen ein.

Das Kind kann dann die Übung wiederholen.

Fehlerkontrolle

Die Blattformen passen nicht in den entsprechenden Rahmen.

Weitere Übungen

- weitere Schubladen in gleicher Weise benutzen
- Übungen mit geschlossenen Augen durchführen
- ähnliche Blattformen zusammenlegen
- mit mehreren Kindern ein Spiel durchführen: Alle Blattformen aus einer oder
  mehreren Schubladen werden ausge-
  teilt, die Rahmen liegen in der Mitte. Ein
  Kind als Spielleiter zeigt auf eine Aussparung. Das Kind, das die entsprechende Blattform hat, setzt diese ein.

- Die Kartensätze werden entsprechend
  der Reihenfolge (Serie 1, 2 und 3) eingeführt. Die pädagogische
  Fachkraft mischt jeweils die Karten einer Serie, die zu einer Schublade gehören, und legt sie aus. Das Kind legt die Blattformen auf
  die zugehörigen Karten.
- Wenn ein Kartensatz eingeführt wurde und das Kind damit gearbeitet hat, wird der nächste eingeführt.

Wortlektion

Entsprechend der biologischen Bezeichnung der Blattform werden diese mit der
Drei-Stufen-Wortlektion eingeführt.

Anwendung

- beim Spaziergang Blätter sammeln und
  später pressen
- gesammelte Blätter mit den Blattformen
  in der Kommode vergleichen
- ein Bild aus gepressten Blättern erstellen

*(vgl. Montessori Vereinigung e. V., Teil 1, 1986,
S. 54/55)*

Bild aus gepressten Blättern

Tierpuzzles

Material: eine Holzkommode mit fünf Tierpuzzles: Fisch, Frosch, Schildkröte, Vogel, Pferd

Direktes Ziel: Kennenlernen der einzelnen Körperteile der Tiere

Indirektes Ziel: Wissen erlangen über biologische und evolutionäre Zusammenhänge

Darbietung und Übung

Das Kind sucht sich eines der Tierpuzzles heraus. Nacheinander werden die Hauptkörperteile eines jeden Tieres, wie Kopf, Schwanz, Bauch, Flosse aus der Grundplatte herausgenommen und wieder eingesetzt.

Wortlektion

Nun wird eines der Segmente vom Erwachsenen aus der Platte genommen, mit dem Finger umfahren und es wird entsprechend der Drei-Stufen-Wortlektion weitergearbeitet: Je nach Alter des Kindes werden zwei oder mehr Puzzlesegmente herausgenommen und vor das Kind gelegt.

1. Stufe: „Das ist …"
   „Das ist die Rückenflosse.", „Das ist der Panzer." …

2. Stufe: „Zeige mir …"
   „Wo ist die Rückenflosse?"

3. Stufe: „Was ist das?"
   „Was ist das?", „Wie heißt dieses?", „Wie heißt das?"

Variationen

Die einzelnen Tiersegmente werden herausgenommen, auf ein Blatt gelegt und mit Buntstift umfahren und ausgemalt, ggf. ausgeschnitten und dann wieder zusammengesetzt.

(vgl. Kaul/Wagner, Bd. 4, 2. Aufl., 2018, S. 31)

2.7 Materialien zum ersten Schreiben und Lesen

Bevor das Kind von der Kita in die Grundschule wechselt, hat es schon wesentliche Kompetenzen im Bereich „Sprache" erworben.

Das kann das Kind *vor* dem Wechsel in die Grundschule:

* grammatikalisch richtig sprechen (in Abhängigkeit von seiner Umgangssprache),
* in ganzen Sätzen sprechen,
* seinen Namen schreiben,
* erzählen,
* Reime, Texte von Fingerspielen, Verse, kleine Gedichte behalten und sprechen,
* Lieder singen,
* Geschichten nacherzählen, dramatisieren u. a. m.,
* neue Begriffe lernen und zuordnen.

Die folgenden zwei Sprachmaterialien werden im Kinderhaus angeboten, um indirekt das erste Schreiben und Lesen vorzubereiten.

„Arbeit mit den metallenen Einsätzen"

Material: zwei Holzständer mit je fünf blauen metallenen Einsätzen in je einem roten Rahmen von 14 x 14 cm Kantenlänge (fünf Figuren haben gerade Linien: Quadrat, Rechteck, Dreieck, Fünfeck, Trapez; fünf Figuren gebogene Linien: Kreis, Ellipse, Eiform, Vierpass, Kreisbogendreieck),
Buntstifte in verschiedenen Farben und Zeichenblätter

Metallene Einsätze

Direktes Ziel: Beherrschung der Muskeln, die für die Handhabung eines Stiftes beim Schreiben notwendig sind

Indirekte Ziele:
• Vorbereitung des Schreibens
• Gestaltung von Variationen mithilfe einer Einsatzfigur
• Gestaltung eigener Mandalas durch Kombination verschiedener Einsätze

Darbietung und Übung

Die pädagogische Fachkraft und das Kind holen gemeinsam das Material. Zunächst werden Einsätze ohne Ecken gewählt. Zudem benötigt man Zeichenpapier, eine Unterlage und drei Buntstifte.

Folgende drei Schritte werden gemeinsam erarbeitet:

Schritt 1: Die Erzieherin legt den Rahmen auf das Papier und zieht, ohne abzusetzen, an der Innenkante entlang. Danach führt das Kind diese Übung durch. Der Rahmen wird zurückgelegt.

Schritt 2: Nun legt die pädagogische Fachkraft den Einsatz genau über die Zeichnung. Sie hält den Knopf mit dem Pinzettengriff fest und zieht von links oben, unter der Hand beginnend und ohne abzusetzen, mit einem andersfarbigen Buntstift an der Außenkante der Figur entlang. Danach führt das Kind diese Übung durch. Die Figur wird in den Rahmen zurückgelegt.

Schritt 3: Mit lockerem Handgelenk werden nun lange Linien, wieder ohne abzusetzen, von oben nach unten gezogen.

Schritt 1

Schritt 2

Schritt 3

ACHTSAMKEIT

Ein Radiergummi wird nicht bereitgestellt, da so keine Fehlerkontrolle möglich wäre.

Weitere Übungen

• weitere Rahmen und Einsätze in gleicher Weise benutzen
• mit nur einem Einsatz verschiedene Figuren gestalten
• mit mehreren Einsätzen, Figuren oder Mandalas gestalten

Arbeit mit metallenen Einsätzen: Variationen

Kombinationen metallener Einsätze

(vgl. Montessori Vereinigung e. V., Teil 2, 1986, S. 12 f.)

„Sandpapierbuchstaben" *

Material: Buchstabenkarten aus Holz oder Pappe von ca. 14 x 14 cm Kantenlänge (für die Vokale werden blaue Karten verwendet, für die Konsonanten rote), aus Sandpapier ausgeschnittene Buchstaben, die auf die Karten geklebt werden

Sandpapierbuchstaben

Direktes Ziel: Kennenlernen der Buchstaben durch Fühlen, Hören und Sehen

Indirekte Ziele:
• Vorbereitung des Lesens und Schreibens
• Erkennen des Aufbaus von Wörtern

Darbietung und Übung

• Die pädagogische Fachkraft legt drei Buchstaben, beispielsweise „M", „A" und „S", auf den Tisch. Es wird darauf geachtet, dass sich die Buchstaben in Form und Laut deutlich voneinander unterscheiden.
• Mit den „Arbeitsfingern" (Zeigefinger und Mittelfinger) umfährt sie mit langsamen Bewegungen den jeweiligen Buchstaben in Schreibrichtung und spricht dabei den Laut deutlich aus.

- Sie fordert das Kind auf, es ihr gleichzutun.
- Die Buchstaben werden mithilfe der Drei-Stufen-Wortlektion geübt.
- Die Erzieherin nennt Wörter, die mit dem jeweiligen Buchstaben beginnen, und ermuntert das Kind zum Mitmachen.

Weitere Übungen

- Buchstaben mit geschlossenen Augen ertasten und benennen
- einen Buchstaben zeigen und das Kind ermuntern, Wörter zu nennen, in denen dieser vorkommt
- ausgewählte Gegenstände, die sich in einem Körbchen befinden, werden den Buchstaben zugeordnet *(weitere Buchstabenspiele siehe in Kapitel 2.9)*

(vgl. Hainstock, 1971, S. 84)

2.8 Materialien zum Erlernen des Zahlenbegriffs von 1 bis 10

Durch das grundlegende mathematische Material zum Erlernen des Zahlenbegriffs von 1 bis 10 erwirbt das Kind im Kinderhaus erste Vorstellungen von Zahlen und gelangt zum Zählen.

Das erste mathematische Material, die sog. „Numerischen Stangen", gleichen den „Roten Stangen", mit denen das Kind zuvor schon Erfahrungen gesammelt hat. Es wird an Bekanntes angeknüpft – eine gute Voraussetzung, um den ersten Schritt in die Welt der Zahlen zu gehen.

„Rot-blaue Stangen (numerische Stangen) mit Zahlenbrettchen"*

Material: zehn Zahlenstäbe aus Holz oder Pappe, die in Umfang und Länge den „Roten Stangen" entsprechen und sich durch abwechselnde rote und blaue Abschnitte von jeweils 10 cm Länge von diesen unterscheiden. Die kürzeste Stange ist rot.

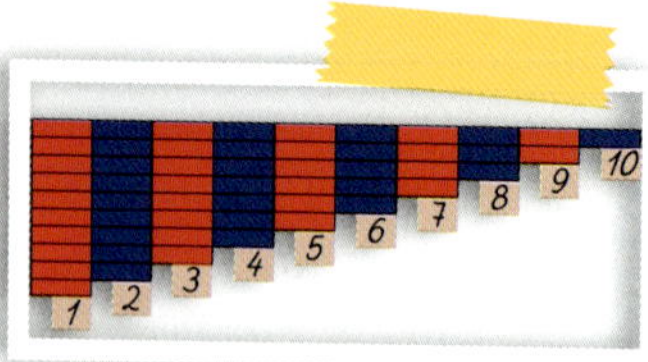

Ziffernkarten aus Holz oder Pappe, die den rot-blauen Stangen zugeordnet werden

Direkte Ziele:
• Erwerb des Zahlenbegriffs von 1 bis 10
• Zuordnung von Zahlendarstellung und Symbol

Indirektes Ziel: Vorbereitung des Schreibens von Ziffern

Alter: ca. 4 Jahre

Darbietung und Übung

• Die pädagogische Fachkraft legt alle Stangen ungeordnet auf den Arbeitsteppich und fordert das Kind auf, die Stangen so hinzulegen, wie es dies von den roten Stangen her kennt.
• Nun nimmt sie die ersten drei Stangen und trennt diese deutlich von den anderen.
• Sie legt die erste Stange vor das Kind, streicht darüber und sagt: „Eins!" (= erste Stufe der Wortlektion).

- Dann nimmt sie die zweite Stange, berührt nacheinander die beiden Abschnitte und zählt: „Eins, zwei. – Zwei!" (= erste Stufe der Wortlektion)
- Mit der dritten Stange verfährt sie ebenso.
- Nach dieser ersten Stufe mischt sie die drei Stangen und führt die zweite Stufe der Namenslektion durch, indem sie sagt: „Gib mir/ zeig mir Stange 1, 2, 3!"
- Dann folgt die dritte Stufe der Wortlektion: Die Leiterin gibt dem Kind eine Stange und fordert es auf, die einzelnen Abschnitte zu zählen und dann anzugeben, welche Stange es hat (Stange eins, zwei oder drei).
- Bei Interesse des Kindes an der Übung werden weitere Stangen eingeführt.
- Nach dieser Übung wird die Ordnung der Stangen hergestellt, bevor sie auf ihren Platz zurückgebracht werden.

Weitere Übungen

- eine Stange herausnehmen und vom Kind die Abschnitte zählen lassen
- eine Stange vor das Kind legen und das Kind bitten, die Stange zu suchen, die danach und/oder davor kommt
- zwei oder mehrere Stangen zur „10" ergänzen lassen (als Vorbereitung zur Addition)

Nachdem die Sandpapierziffern in ähnlicher Weise eingeführt wurden wie die Sandpapierbuchstaben (s. o.), werden die Zahlenbrettchen hinzugenommen. Alle Stangen liegen in richtiger Reihenfolge. Jeder Stange wird das entsprechende Zahlenkärtchen zugeordnet. Die pädagogische Fachkraft erklärt dem Kind, dass die Anzahl der Abschnitte der Zahl auf dem Kärtchen entspricht.
Die Stangen liegen ungeordnet im Raum. Das Kind nimmt ein Zahlenbrettchen und sucht die entsprechende Stange.

Spiele in der Gruppe

- Stangen an alle Kinder verteilen und sie auffordern, sie in der richtigen Reihenfolge (d. h. von 1 bis 10) auszulegen.
- Jedes Kind mit einer Stange wird aufgefordert, seinen kleineren/ größeren Nachbarn zu suchen.
- Die Stangen werden verteilt. Die Leiterin ruft ein Kind, z. B. mit „Stange 3", zu sich und fordert die anderen auf, eine Reihe zu bilden und sich nach der „3" auszurichten.

(vgl. von Oy, 1993, S. 116 ff.)

2

„Spindeln"

Material: zwei Kästen, die in jeweils fünf Fächer unterteilt und von 0 bis 9 numeriert sind (Kasten 1 von 0 bis 4; Kasten 2 von 5 bis 9), 45 Spindeln, die in den Einheiten von 2 bis 9 mit einem Gummiband zusammengehalten werden, ein Körbchen, in welches die Spindeln während der Darbietung gelegt werden

Spindeln

Direkte Ziele:
- Erfahren der Zahlenmenge von 0 bis 9, aufgelöst in Einheiten
- Vertiefung der Ziffernfolge von 1 bis 9
- Erfahren des Zahlenbegriffs „0"

Alter: ca. 4 Jahre

Darbietung und Übung

- Die Spindeln liegen gebündelt, d. h. jede Einheit mit Gummiband versehen, im entsprechenden Fach des Kastens. Die pädagogische Fachkraft zeigt nach und nach auf alle Ziffern (bei „1" beginnend) und fragt: „Weißt du noch, was diese Ziffer bedeutet?"
- Sie zeigt auf die Ziffer „1", lässt diese von dem Kind benennen, nimmt die erste Spindel aus Fach 1, legt sie dem Kind in die Hand und sagt dabei: „1". Dann legt sie diese in das leere Körbchen.
- Sie zeigt auf die Ziffer „2", lässt diese wieder von dem Kind benennen, löst das Gummi, legt die Spindeln dem Kind nacheinander in die Hand und sagt dabei „2". Dann legt sie auch diese Spindeln in das Körbchen.
- Sie verfährt mit den weiteren Fächern ebenso, bis alle Spindeln im Körbchen liegen.

ACHTSAMKEIT

Bei jüngeren Kindern empfiehlt es sich, zunächst nur mit Kasten 1 zu arbeiten.

- Nun ordnet das Kind die Spindeln wieder zurück, indem es jede Ziffer benennt und dann zählend in die Fächer einordnet.
- Zum Schluss werden die Spindeln noch mit den Gummibändern versehen.
- Fehlerkontrolle: fehlende oder übrig gebliebene Spindeln

Einführung der „Null"

- Die pädagogische Fachkraft zeigt auf ein beliebiges Fach und fragt: „Wie viele Spindeln liegen in diesem Fach?".
- Dies wiederholt sie mit weiteren Fächern.
- Sie zeigt auf das Fach mit der Ziffer „0" und sagt: „Dieses Fach ist leer, das bedeutet Null."
- Dann zeigt sie auf die Ziffer „0" und sagt: „0!"
- Zur Festigung des Begriffs „0" fordert sie das Kind auf: „Klopfe einmal, zweimal ..., klopfe nullmal!"

Weitere Übungen

- Die Spindeln werden in beliebiger Reihenfolge eingeordnet.
- Das Kind ordnet statt Spindeln Löffel, Wattestäbchen in die Fächer.

Spiel in der Gruppe

- Die Leiterin bereitet kleine Zettel mit Ziffern von „0" bis „9" vor und verteilt sie an die Kinder, die entsprechend der angezeigten Ziffer Gegenstände in die Fächer der Spindelkästen legen.

(vgl. von Oy, 1993, S. 122 ff.)

„Ziffern und Chips"

Benötigtes Material: ein Kästchen mit roten Ziffern von 1 bis 10, 55 rote Chips

Direktes Ziel: Beherrschen der Zahlenreihe von 1 bis 10

Indirektes Ziel: Vorbereitung der Begriffsbildung „gerade/ungerade Zahl"

Alter: ca. 5 Jahre

Ziffern und Chips

Darbietung und Übung

- Die pädagogische Fachkraft mischt die Ziffern und lässt das Kind die Ziffern in der richtigen Reihenfolge legen.
- Sie fordert das Kind auf, unter die jeweilige Ziffer die entsprechende Anzahl Chips zu legen und zeigt ihm, wie sie angeordnet werden sollen. Bei geraden Zahlen entsteht eine Zweierreihe, bei ungeraden liegt der letzte Chip in der Mitte unter dem unteren Paar (siehe Abbildung oben).
- Fehlerkontrolle: fehlende oder übrig gebliebene Chips

Wortlektion „gerade/ungerade"

- Die Ziffern und Chips liegen in richtiger Anordnung und die Erzieherin sagt dem Kind: „Ich möchte mit dir die Menge teilen." Sie nimmt Chips einer geraden Zahl, z. B. „6",verteilt sie und kommentiert: „Einer für dich, einer für mich. Wie viele Chips hast du, wie viele habe ich?" Das Kind antwortet. Die pädagogische Fachkraft erwidert: „Jeder hat gleich viele Chips. „6" ist eine gerade Zahl." So wird mit allen geraden Zahlen verfahren, die dann auf eine Seite gelegt werden.
- Dann wird ebenso mit einer ungeraden Zahl verfahren, und das Kind erfährt, dass beim Verteilen jeweils ein Chip übrig bleibt. Alle ungeraden Zahlen werden auf die andere Seite gelegt.
- Es liegen nun zwei Zahlengruppen auf dem Tisch: die geraden und die ungeraden Zahlen. Das Kind benennt alle geraden Zahlen, dann die ungeraden und legt dann alles wieder so wie zu Beginn der Übung.
- Die Leiterin fährt nun bewusst mit einem Bleistift durch die Mitte der ausgelegten Chips und kommentiert: „Gerade/ungerade."

(vgl. Montessori Vereinigung e. V., Teil 1, 1986, S. 95 f.)

2.9 Gestaltungsvorschläge für Materialien nach Montessori

Material zur Unterscheidung von Dimensionen

Memory mit großen und kleinen Motiven

Material: 48 quadratische Holz- oder Papptäfelchen (ca. 6 x 6 cm Kantenlänge), die mit verschiedenen Motiven bemalt worden sind. Auf je zwei Täfelchen befinden sich gleiche Motive, einmal in großer und einmal in kleiner Ausführung.

Direkte Ziele:
- Begriffsbildung: groß – klein
- Erkennen von Identitäten

Indirekte Ziele:
- Förderung der Konzentration
- Kennenlernen und Einhalten von Spielregeln

Memory mit Motiven in einmal kleiner und einmal großer Ausführung

Alter des Kindes: ab 3 Jahren (hier werden zunächst weniger Täfelchen verwendet)

Spielverlauf

- Die Täfelchen werden mit den Motiven nach unten gelegt. Es wird reihum gespielt, und jedes Kind darf zwei Täfelchen aufdecken.
- Nachdem alle Mitspieler die Motive betrachtet haben, wird ein Täfelchen wieder umgedreht, während das andere offen auf dem Tisch liegt.
- Nun ist der nächste Mitspieler an der Reihe.
- Werden zwei gleiche Motive gefunden, darf der Spieler diese behalten und hebt nochmals zwei Täfelchen auf.
- Wer die meisten Pärchen gesammelt hat, ist Sieger.

Variationen

- Beide Täfelchen werden nach dem Aufdecken wieder umgedreht.
- Das Kind benennt alle Gegenstände.
- Das Kind sortiert große und kleine Gegenstände.

Fehlerkontrolle

Mittels optischer Wahrnehmung sind gleiche Motive erkennbar.

Material zur Unterscheidung von Farben

Korb mit Gegenständen aus der täglichen Umgebung in den Grundfarben

Material: Farbkasten 1 und ein Korb, in dem sich eine Anzahl verschiedener Gegenstände in den Grundfarben aus der täglichen Umgebung befindet (Tasse, Wäscheklammer usw.)

Direktes Ziel:
• farblich richtige Zuordnung der Gegenstände zu den Farbtäfelchen des Kastens 1
• Vertiefung der Kenntnisse über Grundfarben

Indirektes Ziel: Entwicklung des Farbsinns

Alter: etwa 3 Jahre

Darbietung und Übung

Auf einem Tisch oder Teppich liegen drei verschiedene Farbtäfelchen des Kastens 1.
Die Erzieherin nimmt einige Gegenstände aus dem Korb und ordnet sie den entsprechenden Farbtäfelchen zu.

Sie fordert das Kind auf, es ihr gleichzutun, bis alle Gegenstände zugeordnet sind.

Drehscheibe mit Grundfarben

Material: ein rundes Holzbrett mit je vier gelben, roten und blauen Feldern und einem Pfeil zum Drehen (Pizza- oder Frühstücksbrett), gelbe, rote und blaue Kordeln

Direktes Ziel: Vertiefung der Kenntnisse über die Grundfarben

Indirektes Ziel: Entwicklung des Farbsinns

Drehscheibe mit Grundfarben

Alter: etwa 3 Jahre

Darbietung und Übung

Alle sitzen im Kreis. Die pädagogische Fachkraft legt jede der drei Kordeln zu Kreisen zusammen. Sie dreht an dem Pfeil der Drehscheibe und sucht einen Gegenstand im Gruppenraum in der angezeigten Farbe. Diesen Gegenstand legt sie in den farbgleichen Kordelkreis. Sie fordert ein Kind der Gruppe auf, es ihr gleichzutun. Hat dieses Kind einen Gegenstand in den entsprechenden Kordelkreis gelegt, sucht es sich ein neues Kind aus.

Transparentkreise in den Grundfarben

Material: Farbkasten 2, drei Transparentkreise in den Farben Gelb, Rot und Blau

Direktes Ziel: Vertiefung der Kenntnisse über die Mischfarben

Indirektes Ziel: Entwicklung des Farbsinns

Alter: etwa 3 Jahre

Darbietung und Übung

Auf einem Tisch oder Teppich liegen drei Transparentkreise in den Farben Gelb, Rot und Blau. Die Erzieherin nimmt zwei Kreise und legt sie so übereinander, dass die Schnittmenge beider Kreise erkennbar ist. Sodann ordnet sie die entsprechenden Farbtäfelchen sowohl den Ausgangsfarben der Kreise wie auch der entstandenen Mischfarbe zu und benennt alle Farben. Sie fordert das Kind auf, diese Übung mit zwei Kreisen seiner Wahl durchzuführen.

Mischen von Farben

Material: Farbkasten 2, zwei Gläser, die jeweils mit einer Flüssigkeit in verschiedenen Grundfarben gefüllt sind (z. B. verdünnte Lebensmittelfarbe), ein leeres Glas

Direktes Ziel:
Vertiefung der Kenntnisse über die Mischfarben

Indirektes Ziel: Entwicklung des Farbsinns

Alter: etwa 4 Jahre

Darbietung und Übung

Auf einer Maldecke stehen drei Gläser. Die beiden äußeren Gläser sind mit einer Flüssigkeit in Grundfarben gefüllt (z. B. blau und gelb). Das Glas in der Mitte ist leer.

Die Erzieherin nimmt die beiden gefüllten Gläser und gibt von beiden etwas Flüssigkeit in das mittlere Glas. Anschließend fordert sie das Kind auf, die entsprechenden Farbtäfelchen sowohl den Ausgangsfarben als auch der entstandenen Mischfarbe zuzuordnen. Das Kind benennt die Farben und kann diese Übung mit einer anderen Kombination von Grundfarben ausprobieren.

„Farbtäfelchenmemory"

Material: 10 bis 40 Farbtäfelchen (= 5 bis 20 Paare)

Direktes Ziel: Vertiefung der Kenntnisse über Grund- und Mischfarben

Indirektes Ziel: Entwicklung des Farbsinns

Alter: ab 4 Jahren

Spielverlauf

Es werden wie bei jedem anderen Memory immer zwei Holz- oder Papptäfelchen der gleichen Farbe einander zugeordnet. Zu Beginn sollten eindeutig voneinander zu unterscheidende Farben gewählt werden (z. B. die Grundfarben) und die Kartenzahl ist so weit zu beschränken, dass sich keines der mitspielenden Kinder überfordert fühlt. Im weiteren Verlauf können dann immer mehr Farbtäfelchen in Mischfarben hinzugenommen werden.

„Farbspiel mit Garnrollen"

Material: 55 Garnrollen, die mit Wollfäden in den Farben Blau, Türkis, Dunkelgrün, Grün, Hellgrün, Gelb, Orange, Hellrot, Rot und Violett umklebt sind:

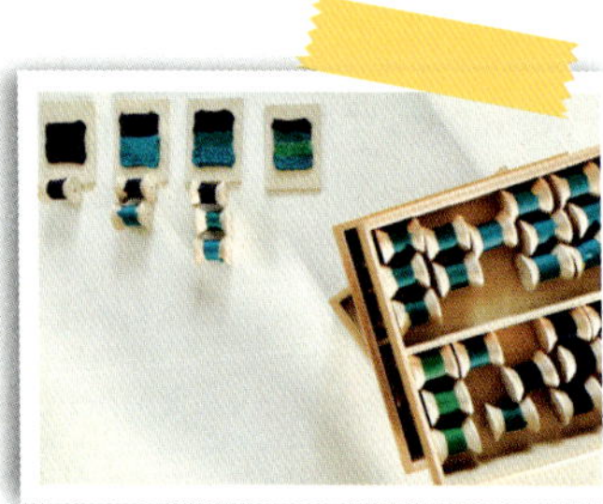

Farbspiel mit Garnrollen

- 10 x Blau
- 9 x Türkis
- 8 x Dunkelgrün
- 1 x Violett

10 Holzkarten mit bunten Strickproben:

• Holzkarte 1: Strickprobe mit einer Farbe (hier: Blau)
• Holzkarte 2: Strickprobe mit zwei Farben (hier: „Blau" und „Türkis")
•
•
•
• Holzkarte 10: Strickprobe mit allen 10 Farben

Direkte Ziele:
• Erkennen, wie Strickprobe und Garnrollen farblich zueinander passen (Finden von Identitäten)
• Wahrnehmen und Erkennen von Mischfarben und Farbnuancen

Indirektes Ziel: Entwicklung des Farbsinns bzw. des ästhetischen Sinns

Alter: ab 4 Jahren

Darbietung und Übung

Die 10 Holzkarten werden der Reihenfolge nach (von Holzkarte 1 bis Holzkarte 10) nebeneinander gelegt. Die Erzieherin nimmt eine blaue Garnrolle und legt sie unter die erste Holzkarte, dann je eine blaue unter eine türkisfarbene Garnrolle und legt sie unter die zweite Holzkarte. So verfährt sie mit allen weiteren Garnrollen.

Das Kind wiederholt die Übung.

Variationen:
• Es wird ein Farbkreis aus 10 Garnrollen in den verschiedenen Farben gebildet.
• Das Kind wählt eine Garnrolle aus, legt sie auf den Teppich oder Tisch und sucht Gegenstände im Raum, die die gleiche Farbe haben und legt sie zu der Garnrolle.
• Das Kind wählt zwei Garnrollen in Grundfarben und ordnet die Garnrolle mit der entsprechenden Mischfarbe zu.

„Farbtafelspiel"

Material für Farbtafelspiel 1:
• sechs Kartonstreifen mit jeweils sechs Farbabstufungen in den Farben Rot, Blau, Gelb, Grün, Orange und Violett und dem entsprechenden Augenzahlwürfelsymbol von 1 bis 6 darunter und jeweils sechs lose Farbkärtchen in den Farbabstufungen der Farben Rot, Blau, Gelb, Grün, Orange und Violett. Auf der Rückseite befinden sich entsprechend der Abstufungen Augenzahlwürfelsymbole (Fehlerkontrolle)
• ein Farbwürfel

Farbtafelspiel 1

Material für Farbtafelspiel 2:

- sechs Kartonstreifen in den Farben Rot, Blau, Gelb, Grün, Orange und Violett mit den Augenzahlwürfelsymbolen von eins bis sechs
- die losen Farbkärtchen zu Farbtafelspiel 1
- ein Augenzahlwürfel

Farbtafelspiel 2

Direktes Ziel: Zuordnung von farbgleichen Kärtchen in einer abgestuften Farbe

Indirektes Ziel: Entwicklung des Farbsinns

Alter: etwa 5 Jahre

Spielerklärung zu Farbtafelspiel 1:

Jedes Kind erhält einen Kartonstreifen mit sechs Feldern in einer abgestuften Farbe. Die Farbkärtchen liegen auf dem Teppich. Im Uhrzeigersinn würfeln die Kinder der Reihe nach mit dem Farbwürfel. Wer seine Farbe gewürfelt hat, darf ein beliebiges Farbkärtchen seiner Farbe auf das farbgleiche Feld des Kartonstreifens legen. Wer zuerst seinen Kartonstreifen mit allen sechs Kärtchen belegt hat, ist fertig. Er überprüft dann, ob er die Kärtchen in der richtigen Reihenfolge ausgelegt hat, indem er die Farbkärtchen umdreht und die auf der Rückseite erkennbare „Augenzahl" mit der Augenzahl auf dem Kartonstreifen vergleicht (selbstständige Fehlerkontrolle).

Spielerklärung zu Farbtafelspiel 2:

Jedes Kind wählt einen der sechs farbigen Kartonstreifen aus. Alle losen Farbkärtchen liegen auf dem Teppich. Im Uhrzeigersinn würfeln die Kinder der Reihe nach mit dem Augenzahlwürfel. Das Kind, das an der Reihe ist, legt entsprechend der gewürfelten Augenzahl ein Kärtchen auf die entsprechende Stelle des Kartonstreifens. Wer zuerst seinen Kartonstreifen mit allen sechs Kärtchen belegt hat, ist fertig. Er überprüft dann, ob er die Kärtchen in der richtigen Reihenfolge ausgelegt hat, indem er die aufgelegten Farbkärtchen umdreht und die auf der Rückseite erkennbare „Augenzahl" mit der Augenzahl auf dem Kartonstreifen vergleicht (selbstständige Fehlerkontrolle).

Material zur Unterscheidung von Oberflächenstrukturen

„Tastmemory"

Material: je nach Aufnahmefähigkeit sechs bis 12 Holzstückchen, z. B. zersägter Besenstiel (= drei bis sechs Paare) beklebt mit sechs verschiedenen Materialien (z. B. Jute, glatter Stoff, Schmirgelpapier, Teddyfutter)

Direktes Ziel: Verfeinerung des Tastgefühls

Alter: ab 3 Jahren

Spielverlauf

Die drei bis sechs Paare (beklebte Rundhölzer aus einem zersägten Besenstiel) befinden sich in einem Stoffsäckchen. Mit verbundenen Augen versucht das Kind, durch Ertasten die zwei zusammengehörenden Holzstückchen zu finden.

„Tastdomino"

Material: je nach Aufnahmefähigkeit sechs bis 12 „Dominosäckchen", gefüllt mit drei deutlich voneinander zu unterscheidenden Materialien

Direktes Ziel: Verfeinerung des Tastgefühls

Alter: ab 3 Jahren

Vorbereitung

Es werden sechs bis 12 Stoffsäckchen in der Größe 14 x 7 cm genäht, die in der Mitte jeweils durchgenäht werden und an den beiden schmalen Kanten zunächst noch eine Öffnung haben. Die Säckchen werden dann an beiden Seiten mit unterschiedlichem Material befüllt (z. B. Linsen, Erbsen, große Bohnen). Jeweils zwei Säckchenhälften der unterschiedlichen Säckchen erhalten den gleichen Inhalt.
Zur späteren Fehlerkontrolle werden sie auf der Rückseite mit einem identischen Zeichen versehen.

Spielverlauf

Ein Säckchen wird in die Mitte gelegt. Dann wird der Inhalt der anderen Säckchen befühlt und versucht, durch weiteres Ertasten das passende Säckchen zu finden. Sind alle Pärchen zugeordnet, kann mithilfe der Zeichen auf der Rückseite überprüft werden, ob alles richtig erfühlt wurde.

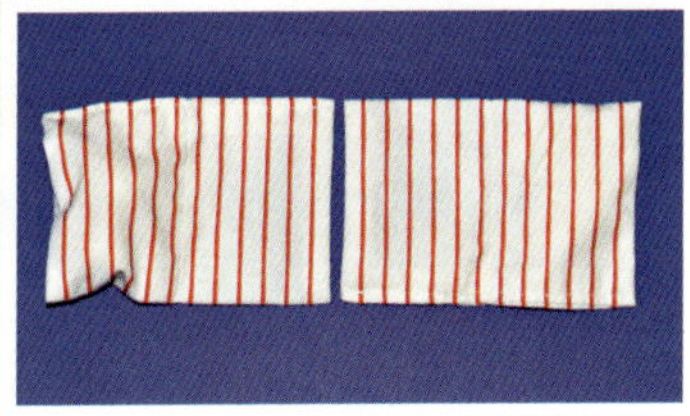

Tastdomino: Vorderseite der Stoffsäckchen

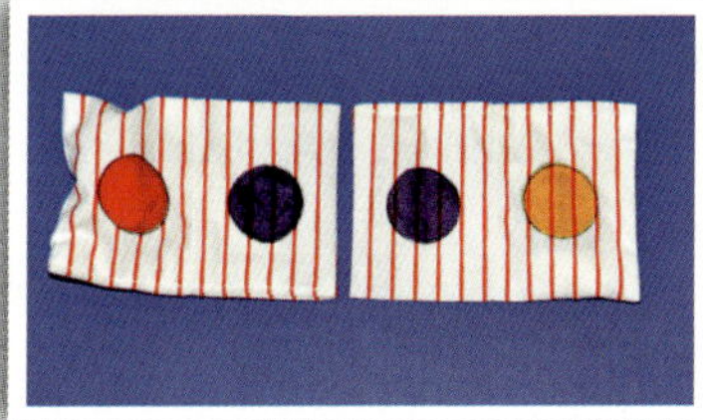

Rückseite der Stoffsäckchen – die Punkte wurden vor dem Befüllen mit Stoffmalfarbe aufgemalt und dienen der selbstständigen Fehlerkontrolle. (Achtung: Schieben Sie beim Bemalen eine Pappstreifen zwischen die beiden Stoffhälften, dmit die Vorderseite frei von Farbe bleibt!)

Material zur Unterscheidung von Geruchs- und Geschmacksqualitäten

„Riechflaschenmemory"

Material: jeweils drei bis sechs Filmdöschen in zwei unterschiedlichen Farben (z. B. Rot und Blau), welche stark riechende Stoffe enthalten (z. B. Zimt, Kaffee, Kakao, Tee, Nelken, Anis)

Direktes Ziel: Verfeinerung des Geruchssinns

Alter: ab 4 Jahren

Vorbereitung

Es werden jeweils zwei Filmdöschen mit gleichem Gewürz befüllt. Zur Fehlerkontrolle erhalten die gleichen Paare auf der Standfläche ein gleiches Zeichen (z. B. ein Kreuz, einen Kreis, ein Quadrat).

Spielverlauf

Die Filmdosen werden auf den Tisch gestellt. Die Spielleiterin öffnet eine Dose und zeigt zunächst, wie man durch langes Einatmen daran riecht. Sie stellt die Dosen einer Serie auf die eine Seite, die Dosen der anderen Serie auf die andere Seite des Tisches.
Sie öffnet dann alle Dosen und verbindet dem Kind die Augen. Das Kind erhält eine Dose der einen Serie. Dann gibt die Spielleiterin ihm nach und nach ein Döschen der anderen Serie in die Hand und das Kind vergleicht die beiden Gerüche. Glaubt es, ein Paar gefunden zu haben, meldet es dieses an. Die Spielleiterin stellt dann das Paar an die Seite und verschließt die Dosen wieder.
Hat das Kind die Augenbinde abgenommen, wird überprüft, ob es die richtige Zuordnung getroffen hat.

(vgl. von Oy, 1993, S. 109)

Material für die kosmische Erziehung

„Jahreszeiten-Würfelspiel"

Material:
Spielidee 1: je ein Spielplan und 12 Auflegeplättchen für jeden Spieler *(siehe BuchPlusWeb)* ein selbst gestalteter Farbwürfel mit den Farben Grün, Blau, Gelb, Weiß, Rot, Schwarz

Spielidee 2: ein Spielplan für alle Mitspieler und 12 Auflegeplättchen für jeden Spieler, ein selbst gestalteter Farbwürfel mit den Farben Grün, Blau, Gelb, Weiß, Rot, Schwarz versehen

Direktes Ziel: Zuordnung von Jahreszeitensymbolen zu den vier Jahreszeiten

Alter: ab 4 Jahren

Spielverlauf

Vorbereitung: Der runde Spielplan und die Auflegeplättchen werden vergrößert und ausgeschnitten. Passend zu den Jahreszeiten werden die Auflegeplättchen mit farbigem Hintergrund versehen:

Frühling (Osterglocke, Ostereier, Hase)	= grün
Sommer (Sonnenschirm, Strand, Melone)	= blau
Herbst (Blätter, Kürbis, Nüsse)	= gelb
Winter (Schneemann, Adventskranz, Mädchen mit Mütze)	= weiß

Spielidee 1: Jedes Kind bekommt einen Spielplan und 12 Auflegeplättchen. Es wird reihum mit einem Farbwürfel gewürfelt. Entsprechend der gewürfelten Farbe legt jeder Spieler in den Würfelrunden nacheinander passende Auflegeplättchen in die Jahreszeitenfelder. Wird „Rot" gewürfelt, hat der Spieler Geburtstag und bekommt von jedem Mitspieler ein Plättchen geschenkt. Diese „Geschenke" legt der Spieler in das Geburtstagsfeld in die Mitte. Bei „Schwarz" hat er Pech und muss ein Plättchen seiner Wahl wieder zurücknehmen. Wenn ein Kind keine Auflageplättchen mehr zur Verfügung hat, ist das Spiel beendet. Wer dann die meisten Plättchen auf seinem Spielplan unterbringen konnte, ist Sieger.

Spielidee 2: Jeder Mitspieler erhält 12 Auflageplättchen, die beim Reihumwürfeln entsprechend der gewürfelten Farben auf dem Spielplan, der in der Mitte liegt, platziert werden.

Wird „Schwarz" gewürfelt, muss der Spieler ein Plättchen wieder zurücknehmen. Die Farbe „Rot" zeigt auch hier an, dass das Kind Geburtstag hat. Es darf ein beliebiges Plättchen in das Geburtstagsfeld legen. Wer zuerst keine Plättchen mehr hat, ist Sieger.

Jahreszeitenspiel

Buchstabenspiele zum ersten Schreiben und Lesen

Die Buchstaben auf den nachfolgenden Seiten finden sich auf einer Kopiervorlage im BuchPlusWeb und können für folgende und ähnliche Spiele Verwendung finden:

- Alle Kinder sitzen im Stuhlkreis. Die Spielleiterin verteilt die Buchstabenkarten an alle Kinder. Sie halten ihre Karte für alle sichtbar in der Hand. Das Kind, dessen „rechter Platz" leer ist, wünscht sich einen Buchstaben herbei, indem es sagt: „Mein rechter Platz ist frei, ich wünsche mir das „A", „F" … herbei."
(vgl. Pichler, 2010, S. 547)

- Die Spielleiterin verteilt die Buchstabenkarten an die anwesenden Kinder und fordert sie auf, Gegenstände im Raum zu suchen, die mit dem Buchstaben auf der Karte beginnen.

- Die Buchstabenkarten liegen mit der Rückseite nach oben im Stuhlkreis. Ein Kind zieht einen Buchstaben, verrät aber nicht, um welchen Buchstaben es sich handelt, sondern stellt den anderen Kindern ein Rätsel: „Ein Tier, das Miau macht, beginnt mit diesem Buchstaben."
(vgl. Pichler, 2010, S. 547)

- Die Buchstabenkarten liegen mit der Rückseite nach oben im Stuhl-kreis oder auf dem Boden. Ein Kind zieht verdeckt einen Buchsta-ben und zeichnet diesen mit dem Zeigefinger auf den Rücken eines anderen Kindes.

- Mehrere Kinder sitzen mit der Erzieherin am Tisch und haben einen mit Sand gefüllten Karton vor sich stehen. Die Erzieherin zieht eine Buchstabenkarte, zeigt sie hoch, und alle zeichen diesen Buchsta-ben in den Sand.

Buchstabenspiel (verkleinert)

Verwendung von weiteren Alltagsgegenständen für verschiedene Übungen nach Montessori

Die folgenden Abbildungen zeigen beispielhaft, wie es im Alltag der Kita gelingen kann, auch mit ganz einfachen Materialien Sortier- und Zuordnungsübungen im Sinne der Montessori-Pädagogik anzubieten. Die nachfolgende Seite kann dann mit eigenen Ideen ergänzt werden.

Hülsenfrüchte sortieren mithilfe einer Pinzette

Formen legen mit Carbochon-Steinen

Klammern farblich zuordnen

Wattebäuschchen mithilfe einer Pinzette farblich zuordnen

Strohhalmstückchen farblich passend auf Schnürsenkel auffädeln

Anhang

Der Montessori-Lehrgang zur Erlangung des Montessori-Diploms ist eine umfangreiche Zusatzausbildung für Erzieher/-innen, Lehrer/-innen und weitere pädagogische Fachkräfte. Der Lehrgang findet berufsbegleitend an Wochenenden statt.

Der Montessori-Diplomlehrgang erstreckt sich über ca. zwei Jahre und dient der intensiven Einführung in die Grundlagen der Theorie und Praxis der Montessori-Pädagogik.

Die theoretischen Grundlagen werden in der Regel mithilfe von Vorträgen mit Diskussion und Seminararbeit vermittelt, die praktische Ausbildung beinhaltet die Einführung in die Bedeutung und Handhabung des Montessori-Materials in Kinderhaus und Schule (Übungen des täglichen Lebens, Sinnesmaterial, Mathematik, Geometrie, Sprache, Kosmische Erziehung).

Zusätzlich zur Teilnahme an den Wochenendseminaren sind in der Regel 12 Hospitationen in anerkannten Montessori-Einrichtungen nachzuweisen. Darüber hinaus müssen Hausarbeiten in Form von Katalogen und Mappen eingereicht werden.

Die Abschlussprüfung besteht aus zwei schriftlichen und einer mündlich/praktischen Prüfung, bei der Kenntnis und Handhabung der Übungen in den einzelnen Praxisbereichen überprüft werden. Bei bestandener Prüfung wird der Lehrgang mit dem Montessori-Diplom abgeschlossen.

Weitere Informationen zur Fort- und Weiterbildung und empfehlenswerter Literatur erhalten Sie bei der Deutschen Montessori-Vereinigung e. V. (www.deutsche-montessori-vereinigung.de/filme.html).

Becker-Textor, Ingeborg (Hrsg.): Maria Montessori (Autor), Kinder lernen schöpferisch. Die Grundgedanken für den Erziehungsalltag mit Kleinkindern, Freiburg i. Br./Basel/Wien: Herder, 1994.

Bildungsgrundsätze für Kinder von 0 bis 10 Jahren in Kindertagesbetreuung und Schulen im Primarbereich in Nordrhein-Westfalen NRW, hrsg. vom Ministerium für Familie, Kinder, Jugend, Kultur und Sport des Landes Nordrhein-Westfalen und vom Ministerium für Schule und Weiterbildung Nordrhein-Westfalen, Düsseldorf 2016.

Bläsius, Jutta: Übungen der Stille in der Montessori-Pädagogik: für Kinder von 2–6 Jahren (Montessori Praxis), Freiburg i. Br.: Herder, 2018.

Deutsche Montessori-Vereinigung e. V.: Filme/Dia-Serien zur Montessori-Pädagogik, Zugriff unter: www.deutsche-montessori-vereinigung.de/filme.html [11.12.2019].

Erler, Luis: Kommentar: Kosmische Erziehung – ein zentrales Element der Montessori-Pädagogik, in: Fthenakis, W. E./Textor, M. R. (Hrsg.): Pädagogische Ansätze im Kindergarten, Beltz: Weinheim und Basel, 2000.

Fthenakis, Wassilios E./Textor, Martin, R.: Pädagogische Ansätze im Kindergarten, 1. Aufl., Langensalza: Beltz, 2000.

Hammerer, Franz; Ludwig, Harald (Hrsg.): Montessori, Maria: Gesammelte Werke: Das Kind in der Familie. Freiburg i. Br./Basel/Wien: Herder, 2011.

Hainstock, Elisabeth G.: Montessori zu Hause, Die Vorschuljahre, Freiburg i. Br.: Hyperion, 1971.

Holtstiege, Hildegard: Modell Montessori, Grundsätze und aktuelle Geltung der Montessori-Pädagogik, 6. Aufl., Freiburg i. Br.: Herder, 1991.

Hudelmayer, Kathrin: Kinder bilden (Blog), Zugriff unter: www.kinderbilden.com/wie-oft-bist-du-schon-um-die-sonne-geflogen/ [06.12.2010].

Kaul, Claus-Dieter/Wagner, Christiane M.: Montessori konkret. Handbuch zu einem ganzheitlichen Weg des Lernens im Elementarbereich, Bd. 4: Kosmische Erziehung, 2. Aufl., Friedberg: Brigg Verlag, 2018.

Ludwig, Harald (Hrsg.): Grundgedanken der Montessori Pädagogik. Quellentexte und Praxisberichte. 25. Gesamtauflage. Freiburg i. Br./Basel/Wien: Herder, 2017.

Montessori, Maria: Kinder sind anders, 7. Aufl., übersetzt von Percy Eckstein und Ulrich Weber, Stuttgart: dtv/Klett Cotta, 1992.

Montessori-Vereinigung e. V. – Aachen (Hrsg.): Montessori-Material Teil 1, Materialien für den Bereich Kinderhaus, Zelhem (NL): Verlag Nienhuis Montessori, 1986.

Oy, Clara Maria von/Sagi, Alexander (Hrsg.): Montessori-Material zur Förderung des entwicklungsgestörten und des behinderten Kindes, Arbeitshefte zur heilpädagogischen Übungsbehandlung Band 3, 2. Aufl., Heidelberg: Edition Schindele, 1993.

Osterrieder, Miriam: Der Entdecker der Welt. Gesundheitserziehung im Vorschulalter, in: Reform und Innovation, Beiträge pädagogischer Forschung, hrsg. v. Elisabeth Zwick, Münster/Hamburg/Berlin/Wien/London: LIT Verlag, 2004.

Pichler, Heidrun und Marlene: Montessori Praxis für alle, Leichter lernen durch Sehen – Fühlen – Erkennen, 5. Aufl., München: Sensor, 2010.

Plank, Silke: Montessori Pädagogik. Empirische Forschungen zum reformpädagogischen Bildungskonzept. München/Ravensburg: GRIN, 2013.

Sauer,Ingrid/Strecker, Christine: Übungen der Stille und Konzentration. Wege zur Entspannung nach Montessori, Donauwörth: Auer, 2009.

Schmutzler, Hans-Joachim: Fröbel und Montessori, Zwei geniale Erzieher – Was sie unterscheidet, was sie verbindet, 2. Aufl., Freiburg i. Br.: Herder, 1991.

Schumacher, Eva: Montessori-Pädagogik verstehen, anwenden und erleben. Eine Einführung. Beltz: Weinheim und Basel, 2016.

Standing, E. Mortimer: Maria Montessori. Leben und Werk, Münster: LIT, 2009.

Weinhäupl, Wilhelm u. a.: Montessori einfach klar!, Handreichung für die Arbeit mit Montessori-Materialien, Bd. 1, Übungen des praktischen Lebens, Schulung der Sinne, Salzburg: Institut für lebendiges Lernen, Dr. Wilhelm Weinhäupl, 2016.